NOTES

SUR

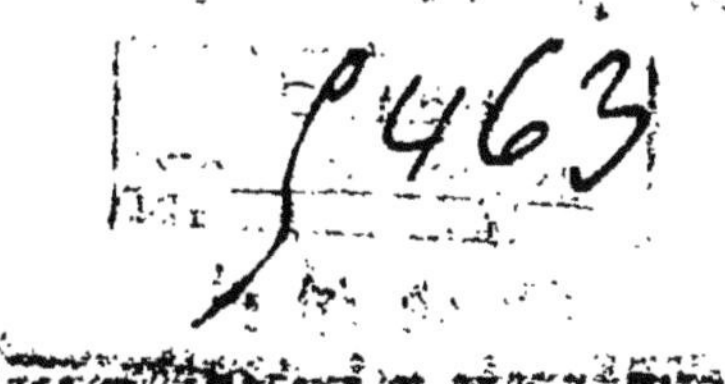

L'HISTOIRE EN FRANCE

AU XIXe SIÈCLE

PAR

CAMILLE JULLIAN

Professeur à la Faculté des lettres de l'Université de Bordeaux
Membre du Conseil supérieur de l'Instruction publique

———— ❧ ————

PARIS

LIBRAIRIE HACHETTE ET Cie

79, BOULEVARD SAINT-GERMAIN, 79

——

1897

INTRODUCTION

NOTES SUR L'HISTOIRE EN FRANCE
AU XIXᵉ SIÈCLE

I
1800-1815

1° LES ÉTUDES HISTORIQUES VERS 1800

Vers 1800, il y avait en France pénurie d'historiens et peu de goût pour l'histoire. L'histoire demande de studieux loisirs et de longues pensées : depuis douze ans, la France vivait au jour le jour, dans les secousses des brusques révolutions.

On lisait toujours la dernière *Histoire de France* qui eût été publiée, celle de l'abbé Velly (1755 et suiv.), continuée par Villaret et Garnier[1]. Ce livre avait eu, au milieu du xviiiᵉ siècle. un fort grand succès[2] : il avait conservé sa vogue au début du xixᵉ, ce qui n'était point à l'éloge des tendances littéraires de la nouvelle génération[3]. C'est une œuvre faite sans

---

1. Les deux continuateurs de Velly ont moins d'esprit que lui et plus de science. Voyez sur Velly la *IIIᵉ* et la *IVᵉ lettre* de Thierry sur *l'Histoire de France*.

2. Deuxième édit., 1769 et s.; troisième, 1785 et suiv.

3. Une continuation parut en 1808. En 1819-21, nouvelle édit., par Dufau. On lisait également l'*Abrégé* du président Hénault (réimprimé en 1817) et Millot, auteur d'*Eléments de l'Histoire de France* (1767 et s.) et de nombreux précis; on verra que Napoléon voulut les faire continuer. J. Chénier appelle avec raison Millot (*Littérature française*, chap. V) « décoloré, timide et médiocrement instructif ».

études et écrite sans goût, manquant aussi bien de vérité que de jugement : le principal soin de l'auteur avait été de mettre en lumière, sous chaque règne, les *fêtes galantes des cours*. Tous les rois francs sont transformés par lui en superbes seigneurs, vivant d'amours et de batailles, contemporains aimables du maréchal de Saxe :

« Childéric », dit Velly, « fut un prince à grandes aventures. C'était l'homme le mieux fait de son royaume; il avait de l'esprit, du courage; mais, né avec un cœur tendre, il s'abandonnait trop à l'amour : ce fut la cause de sa perte. »

Et tout est dans ce ton. L'abbé Velly avait écrit l'histoire « à la Pompadour » : grâce à cela, le livre devint à la mode, et demeura classique. Napoléon l'avait lu, et ne devait point le trouver mauvais, car il donna des ordres pour qu'il fût continué [1].

Aucune histoire ne l'avait en effet remplacé. Anquetil (né en 1723, il était alors presque octogénaire) songeait depuis fort longtemps à écrire une histoire générale de la monarchie française « d'après les documents originaux [2] »; mais il avait le bon sens de reculer encore devant l'entreprise. Il s'était borné à écrire, pour les érudits un peu superficiels, son *Histoire de la ville de Reims* (1756-7) et son *Esprit de la Ligue* (1767), livres où l'on trouvait une saine critique des sources, et une assez fidèle expression des pensées et des coutumes d'autrefois [3]. En 1800, il étudiait toujours son histoire de France ; mais, s'il travaillait beaucoup, il travaillait mal.

Depuis que la Révolution avait accompli sa tâche, les philosophes et les politiques abandonnaient ces recherches sur

---

1. « Velly », disait Napoléon en 1808, « est le seul auteur un peu détaillé qui ait écrit sur l'histoire de France ». Et il ajoutait : « L'*Abrégé chronologique* du président Hénault est un bon livre classique. Il est très utile de les continuer l'un et l'autre. » « Sa Majesté », continuait la note de Napoléon, « a chargé le ministre de la police de veiller à la continuation de Millot. » Dans quel esprit devaient être faits ces travaux, on le devine : « Il faut que la faiblesse du gouvernement sous Louis XIV même, sous Louis XV et sous Louis XVI inspire le besoin de soutenir l'ouvrage nouvellement accompli. » *Correspondance de Napoléon*, t. XVI, p. 575, note pour le ministre de l'Intérieur.

2. Dacier, *Notice historique sur Anquetil* (dans son *Histoire de France*, I, édit. de 1826), p. xi.

3. Cf. Thierry, *lettre IV*.

les origines du Tiers État, du privilège et de la liberté, qui avaient passionné les contemporains de Turgot et de Sieyès. Ceux qui s'intéressaient encore à l'histoire de nos institutions maintenaient pieusement les doctrines de Mably. Les *Observations sur l'Histoire de France* (1765)[1], du célèbre défenseur du Tiers, étaient parole sacrée pour les derniers disciples de la Constituante. — Le long despotisme des empereurs, avait dit Mably, accoutuma les Gaulois à ne pas même désirer d'être libres : les Francs leur rendirent l'esprit de l'indépendance ; Charlemagne apprit au peuple à connaître ses droits, en fondant l'assemblée de la nation. La liberté est née dans les forêts de la Germanie : le rétablissement des États Généraux doit être le retour à cette liberté et à la vertu. — Lire Mably, en 1800, c'était une dernière communion de la foi révolutionnaire ; et lorsqu'en 1815, Napoléon voulut se réconcilier avec le peuple et la liberté, il emprunta au livre de Mably l'assemblée extraordinaire du Champ de Mai[2].

Mais l'histoire de France avait alors infiniment moins d'attraits que celle de Rome ou de la Grèce. L'antiquité régnait en souveraine sur les esprits. A quoi bon étudier les destinées militaires et politiques de l'ancienne monarchie? Une France nouvelle était née, et c'était Rome qui revivait en elle.

Millin, qui dirigeait alors la grande revue française des sciences et des arts, le *Magasin encyclopédique* (1795-1816)[5], était une sorte de chef officiel de la science du passé. Certes il ne négligeait pas de parti pris les antiquités nationales ; il avait fait beaucoup pour les sauver, et plus encore pour les faire connaître[4]. Mais il semblait alors voué aux monuments romains, aux peintures antiques et aux vases étrusques ; contemporain de Canova, il collaborait à sa manière à l'œuvre du sculpteur. L'Italien Piranesi, fixé à Paris depuis 1798, y préparait cette admirable publication des *Antiquités romaines*, le plus beau recueil de gravures qu'on ait jamais consacré aux vues de l'ancienne Rome[5].

1. Ire partie, 1765 ; IIe, 1788, Cf. Villemain, *Cours de littérature au XVIIIe siècle*, t. II, leçons I et II ; Thierry, *Considérations* (*Récits*, t. I), p. 84 et suiv.

2. Cf. Thierry, *Consid.*, ch. IV.

3. Continué en 1817 par es *Annales encyclopédiques*.

4. *Antiquités nationales*, par Millin, 1790. Millin fut un des grands travailleurs de ce temps.

5. Cf. ici. p. 362.

La Révolution avait fondé, à Paris, dans le cloître des Petits-Augustins, un musée des *Monuments français*; Alexandre Lenoir, qui le dirigeait[1], s'appliquait sans relâche à sauver de la destruction les débris des sanctuaires gothiques et des palais de la Renaissance. Mais sa vie était une vraie bataille; il était seul contre beaucoup, et il lui fallait parfois la risquer pour conserver des chefs-d'œuvre. Ses efforts étaient inconnus ou méconnus. Le musée du Louvre attirait seul la foule, et tel était le goût dominant que, de 1792 à 1800, les directeurs du grand musée écartèrent tous les chefs-d'œuvre de notre école et tous les monuments de notre pays.

De rares écrivains, reprenant la tradition de Montesquieu ou de Mably, s'essayaient aux considérations historiques; mais ils se laissaient obséder par la vision de l'antiquité. René de Chateaubriand, tout jeune encore (né en 1768), alors émigré à Londres, venait de publier un *Essai sur les Révolutions* (1797)[2]. C'est une longue comparaison, parfois éloquente, souvent inexacte, incohérente et bizarre, entre la France, Rome et la Grèce : « L'homme », disait-il, « circule dans un cercle dont il tâche en vain de sortir », et la destinée est venue enserrer la France dans le cercle qui avait enveloppé Athènes et Rome[3]. — Thouret, l'ancien constituant, avait écrit avant sa mort (1794) un *Abrégé des révolutions de l'ancien gouvernement français*; on le publiait en 1800. Thouret s'inspirait sans doute de Mably, mais il remettait en honneur les livres et les théories de Dubos sur l'administration romaine[4]; François de Neufchâteau, en annonçant l'œuvre posthume du législateur révolutionnaire, insistait sur cette partie du travail : « Après avoir parcouru un long cercle d'aberrations politiques », disait-il, « nous semblons revenir à beaucoup de parties du plan adopté par les Romains[5] ». Ainsi cette voix révolutionnaire, sortie

1. Voyez Courajod, *Alexandre Lenoir*, t. I, 1878; cf. ici, p. 97. Courajod, *l'Influence du Musée des monuments français sur le développement de l'art et des études historiques*, dans la *Revue historique*, 1888, t. I.

2. Sainte-Beuve, *Chateaubriand et son Groupe littéraire* (1860, 2 vol.), I, p. 141 et suiv.

3. La comparaison entre les Français et les Athéniens, que nous donnons plus loin (p. 11), a été transportée par Chateaubriand de l'*Essai* dans le *Génie du Christianisme*. Cf. Sainte-Beuve, I, p. 151.

4. Cf. *Extraits de Montesquieu*.

5. Cf. Thierry, *Considérations*, ch. III et IV.

d'outre-tombe, semblait répondre à la voix, toute jeune d'espérances, du noble Breton : c'était en étudiant Rome qu'on voulait comprendre la France.

Dans les poésies de Delille, dans les peintures de David, dans la constitution de l'an VIII, l'ancienne Rome triomphait : comme Octave, Bonaparte était consul, et comme lui, il allait être *imperator*.

C'est au moment, et presque au jour où Bonaparte reçut sa première et plus belle apothéose, en avril 1802, le mois du Concordat et du *Te Deum* de Notre-Dame, que Chateaubriand, revenu en France, fit paraître le *Génie du Christianisme*.

2° CHATEAUBRIAND, LE « GÉNIE DU CHRISTIANISME »

Le *Génie* n'est un livre ni d'histoire ni de philosophie ; ce n'est même pas une série de considérations sur l'histoire et la philosophie du christianisme. C'est une lente succession de tableaux, où Chateaubriand nous présente tour à tour les beautés et les vertus du christianisme, dans ses dogmes et ses mystères, dans sa littérature et son art, et enfin dans les cérémonies de son culte. Aucun raisonnement et point de récit : le lien est très faible entre les différentes parties ; l'œuvre est toute de poésie descriptive, et son unité est surtout dans le lumineux coloris du style et dans l'enthousiasme jamais ralenti de l'écrivain. Il n'explique pas, il ne déduit pas ; il regarde et il admire.

Peu de livres sont moins marqués à cet esprit d'exactitude et d'analyse qui est la condition de l'histoire ; peu de livres cependant ont eu plus d'importance sur les destinées de l'histoire.

Il rompait avec la tradition romaine. Sans doute, comme dans l'*Essai*, Chateaubriand compare sans cesse le paganisme à l'Evangile : son nouveau livre est un long parallèle. Mais, cette fois, la supériorité du christianisme apparaît éclatante : la civilisation chrétienne, telle qu'il nous l'expose, se suffit à elle-même ; elle se soutient par ses propres ressources ; tout y procède de la même inspiration et y révèle le même esprit, depuis le dogme de la Trinité jusqu'aux ruines de la voûte gothique et aux colonies des Jésuites du Paraguay. Chateaubriand lui a rendu son identité artistique et son autonomie historique.

Par là, il montrait aux historiens et aux artistes que le christianisme était un champ de travail aussi fécond et aussi riche que les annales de Rome. Aux musiciens il rappelait le plain-chant, l'arc gothique aux sculpteurs, et aux historiens les institutions sociales et politiques de la France de saint Louis. Car, dans ce livre, au fond du christianisme on retrouve toujours la France d'autrefois : il est plein de la vieille monarchie [1].

Lorsque l'œuvre parut, en 1802, on vit en Chateaubriand l'auxiliaire poétique de Bonaparte : tous deux ils réconciliaient l'Eglise et la France [2]. Le succès fut inouï : quatre mille exemplaires étaient vendus en dix mois. En 1803, la préface d'une nouvelle édition annonçait que « le consul Bonaparte la prenait sous sa protection ». Chateaubriand était nommé secrétaire d'ambassade à Rome.

En réalité, le livre annonçait la réaction contre l'idolâtrie gréco-romaine des dix années révolutionnaires. L'État protégeait à Notre-Dame le culte longtemps méprisé ; les souvenirs religieux et poétiques de l'ancienne France se réveillaient. Cette renaissance chrétienne et médiévale qui est le point de départ du romantisme, le *Génie* en a été, sinon le premier, au moins le plus éclatant symptôme. Il a révélé aux générations du Consulat ces désirs nouveaux qui germaient confusément en elles.

3° L'HISTOIRE SOUS L'EMPIRE ; LES PRÉCURSEURS

A la date même où paraissait le *Génie du Christianisme*, le poète Edmond Geraud exhortait ses compagnons en poésie à abandonner les défroques surannées de la mythologie classique et à demander leurs inspirations et leurs métaphores aux fées de la France et aux bardes de la Gaule. Raynouard, qui sera plus tard l'historien des dialectes provençaux, et qui n'est encore que poète tragique, disait adieu aux *Caton d'Utique* et aux *Scipion* qu'il avait célébrés avant 1800, et faisait représenter le drame des *Templiers* (1805). Et dès

---

1. Cf. ici, p. 3. | 2. Cf. ici, p. 1, n. 1.

1806 au moins, les élèves de l'atelier de David exposaient au Salon les grandes scènes de l'histoire de France.

Plus obscurément, les archéologues et les historiens reprenaient le travail suspendu par la Révolution, et renouaient la tradition des bénédictins du siècle passé. C'était l'Institut de France qui donnait une suite à l'œuvre de la pieuse congrégation[1] : dom Brial continuait les *Historiens des Gaules* (depuis 1806), Pastoret, les *Ordonnances des rois de France* (depuis 1811); d'autres préparaient de nouveaux volumes de l'*Histoire littéraire de la France*.

Millin s'associait volontiers à cette tâche. Il faisait l'exploration archéologique du midi de la France; et, si les monuments romains l'attiraient tout d'abord, il n'épargnait point ses soins pour les autres[2]. A Lyon, Revoil formait une admirable collection d'objets d'art, qui, acquise par l'Etat en 1828-30, formera au Louvre le département du moyen âge et de la Renaissance. L'excellent Lenoir multipliait les catalogues de son musée, en faisait connaître, par de beaux livres et de belles gravures, les principaux chefs-d'œuvre.

La publication des poésies ossianesques réveillait en même temps un passé plus lointain : un renouveau gaulois point en archéologie comme en poésie[3]. Il se fonde en 1804 une Académie Celtique, origine de la Société des Antiquaires de France, et, dès le début, à côté d'un peu de fantaisie, elle fait de bonne besogne. Quant à la *Gaule poétique* de Marchangy (1813), c'est un fatras de romantisme « archéographique ».

Les historiens narrateurs ou philosophes s'étaient remis au travail, regardant peut-être trop volontiers au delà de 1789. Dans son traité *de la Monarchie française* (1814), Montlosier agita encore les questions ressassées depuis Boulainvilliers, Dubos et Mably, et défendit, avec « une amertume de sauvages regrets[4] », les droits historiques de la noblesse. — Ch. Lacretelle écrivit un *Précis historique de la Révolution* (1801-6), qui n'en était qu'une habile satire.

Ce petit livre a pourtant son importance dans notre littérature : ce fut la première narration suivie de l'histoire de la Révolution; il en fixa pour longtemps les traits traditionnels :

1. Cf. ici, p. 39 et 97.
2. 1804. *Voyage dans les départements du midi de la France*, I, 1807.
3. Sur la « celtomanie », cf. Reinach, *Revue Celtique*, 1898, n° 2.
4. Cf. Thierry, *loco citato*.

Thiers s'en inspirera souvent[1]. — L'*Histoire de France pendant
le* xviiie *siècle* (1808), du même Lacretelle, est meilleure : elle
offre du jugement, de la gravité, un effort de sobriété. C'est
de l'histoire académique, noble et froide, un peu à la manière
qu'affectionnera plus tard Mignet. — Au reste, Lacretelle mérite,
à d'autres égards, mieux qu'une simple mention. Professeur
d'histoire à la Sorbonne, il y eut de réels succès : le premier,
il en fit connaître l'antique chemin à la population parisienne. Il a
été pour beaucoup dans cette vogue incroyable dont jouira l'enseignement historique en 1820 : il l'a commencée et justifiée[2].

A côté de lui, Lemontey faillit être l'historien officiel de
Napoléon. Pensionné par l'empereur depuis 1808, en réalité il
travailla pour son propre compte, et rédigea, pour ne le publier qu'en 1818, son *Essai sur l'établissement monarchique
de Louis XIV.* Ce livre a pour lui, d'abord, d'avoir été le
premier bon livre d'histoire de ce siècle ; il précède ceux de
Guizot, Thierry et les autres. Puis il est fait sur les documents
originaux, inédits et alors fort peu accessibles. Enfin, Lemontey
a pensé par lui-même : son travail a fait la première brèche
dans l'histoire traditionnelle de la monarchie absolue ; Louis XIV,
selon lui, est le premier agent de la révolution : c'est un nova-
teur et un niveleur ; il a rendu 89 possible. C'est presque la
théorie que développera plus tard Tocqueville : Lemontey l'a
très intelligemment entrevue. Comme Michaud, dont nous
allons parler, comme Lacretelle, que nous venons de citer,
c'est un précurseur, et supérieur aux deux autres[3].

Enfin Anquetil se décida à publier son *Histoire de France*
(1805).

A celui-là, la Révolution n'avait rien appris ni rien fait oublier. C'est l'héritier direct de Velly, et souvent son compila-
teur. La narration est aisée, claire, sérieuse, un peu lente ;
mais la critique est nulle, et la notion des documents originaux
paraît manquer à Anquetil. Il y a entre Velly et lui de très

---

1. Cf. Aulard, *Études et leçons
sur la Révolution française*, 1893,
p. 32. Lacretelle complétera et
développera plus tard son précis
(à partir de 1821, *Histoire de l'Assemblée Constituante*, etc.). Son
précis servait de suite à l'*Alma-
nach historique de la Révolution
française* (1791), publié par Rabaut Saint-Étienne, et dont Mignet
semble s'être inspiré.

2. Desjardins, *Biogr.* Didot, 1859.

3. On doit rappeler encore l'*Histoire des Républiques italiennes*
de Sismondi (1807-1818), si souvent
pillée de nos jours. Cf. p. xxiv.

nombreux points de ressemblance. Nous avons vu le Childéric de l'abbé; voici celui du vieil historiographe :

« La première année de Childéric sur le trône fut celle d'un libertin audacieux qui, se jouant avec une égale indépendance et de l'honneur du sexe et du mécontentement des grands, souleva contre lui l'indignation générale, et se fit chasser du trône. »

Le tendre galant de Velly a fait place au tyran licencieux : au fond, c'est la même manière d'habiller le passé à la mode contemporaine.

Les romans de Chateaubriand étaient presque plus vrais que l'histoire d'Anquetil. Mécontent de la politique, brouillé avec Napoléon, l'auteur du *Génie* écrivit ses *Martyrs*, qu'il publia, à son retour d'Orient, en 1809. Il y a là un peu moins d'histoire que dans le *Génie* : c'est une épopée en prose où tous les siècles sont amalgamés et où Velléda, devenue prêtresse gauloise, est contemporaine de Clodion le Franc. Mais peu importe : ces peintures sont d'une telle fraîcheur et ces héros d'une telle vigueur, tel est le charme varié du récit, l'apparente vérité des épisodes, que ces Romains de la décadence, ces martyrs de l'Évangile et ces Francs de l'invasion prennent à nos yeux l'attitude historique de personnages célèbres et semblent parfois les héros symboliques des civilisations disparues. Nul livre n'est plus de nature à plaire aux esprits jeunes, à réveiller les vocations encore endormies.

De l'influence de Chateaubriand naquit alors une œuvre qui doit être mise à un assez bon rang parmi les travaux historiques de ce temps, l'*Histoire des Croisades* de Michaud (1808 et s.). Jusque-là journaliste et poète, Michaud devint historien par amour pour le moyen âge ; il eut l'enthousiasme des croisades ; les raconter fut pour lui une tâche de réhabilitation. La philosophie du xviiie siècle n'avait vu en elles qu'une sanglante folie : Michaud expliqua les sentiments qui les avaient produites, la foi qui les fit durer, l'héroïsme qu'elles engendrèrent. Son récit est assez exact, du moins quand il eut corrigé les grosses inadvertances de la première édition : il suit pas à pas les chroniques des croisés, et il reproduit assez élégamment « la couleur poétique des vieux siècles ». Peu de profondeur ; trop peu de curiosité des institutions et des faits sociaux : une narration doucement intéressante.

Ce qui achève de rendre Michaud tout à fait sympathique, c'est que, toute sa vie, il relut, refit, réforma son livre. Trente ans plus tard, il l'améliorait encore. A soixante ans, il faisait vers les Lieux-Saints un pèlerinage de chrétien et d'historien, pour y chercher une inspiration et une force nouvelles. Quand il mourut, en 1840, on put dire qu' « il ne s'était jamais séparé de ces héros de son livre, dont une longue et douce habitude avait fait en quelque sorte les compagnons de sa vie[1] ».

4° LA JEUNESSE DES ÉCOLES

Tandis que des écrivains déjà célèbres marchaient, un peu péniblement, dans la voie nouvelle, les jeunes gens, « le peuple naissant » de l'école, écoutaient avec enthousiasme les échos de poésie et d'histoire qui leur venaient parfois du dehors. Guizot (né en 1787) envoyait des vers à l'auteur du *Génie du Christianisme*, et défendait dans les journaux Velléda et Cymodocée : dès 1812, il suppléait Lacretelle à la Sorbonne. Écœurés peut-être des insipides abrégés chronologiques qui demeuraient le fond de l'enseignement classique, Augustin Thierry (né en 1795) et Michelet (né en 1798), répudiant les leçons des maîtres officiels, s'adressaient en secret aux livres de Chateaubriand ou aux pierres des Petits-Augustins.

« En 1810[2] », raconte Thierry, « j'achevais mes classes au collège de Blois, lorsqu'un exemplaire des *Martyrs*, apporté du dehors, circula dans le collège. Ce fut un grand événement pour ceux d'entre nous qui ressentaient déjà le goût du beau et l'admiration de la gloire. Nous nous disputions le livre; il fut convenu que chacun l'aurait à son tour, et le mien vint un jour de congé, à l'heure de la promenade. Ce jour-là, je feignis de m'être fait mal au pied et je restai seul à la maison....

« A mesure que se déroulait à mes yeux le contraste si dramatique du guerrier sauvage et du soldat civilisé, j'étais saisi de plus en plus vivement; l'impression que fit sur moi le chant de guerre des Franks est quelque chose d'électrique. Je quittai la place où j'étais assis, et, marchant d'un bout à l'autre de la salle, je répétai à haute voix et en faisant sonner mes pas sur le pavé :

« Pharamond ! Pharamond ! nous avons combattu avec l'épée !... »

1. Mignet, *Éloge* de Michaud.   2. Préface des *Récits*.

« Ce moment d'enthousiasme fut peut-être décisif pour ma
vocation à venir. Je n'eus alors aucune conscience de ce qui venait
de se passer en moi; mon attention ne s'y arrêta pas; je l'oubliai
même durant plusieurs années; mais lorsque, après d'inévitables
tâtonnements pour le choix d'une carrière, je me fus livré tout
entier à l'histoire, je me rappelai cet incident de ma vie et ses
moindres circonstances avec une singulière précision. Aujourd'hui, si
je me fais lire la page qui m'a tant frappé, je retrouve mes émotions
d'il y a trente ans. Voilà ma dette envers l'écrivain de génie qui a
ouvert et qui domine le nouveau siècle littéraire [1]. Tous ceux qui, en
divers sens, marchent dans les voies de ce siècle, l'ont rencontré de
même à la source de leurs études, à leur première inspiration; il
n'en est pas un qui ne doive lui dire comme Dante à Virgile :

> « *Tu duca, tu signore e tu maestro.* »

A Paris, Michelet, presque encore enfant, sentait l'histoire
se révéler en lui à la vue des monuments réunis par Lenoir :

« Ma plus forte impression, c'est le Musée des Monuments français.
C'est là, et nulle autre part, que j'ai reçu d'abord la vive impression
de l'histoire [2].... Que d'âmes y avaient pris l'étincelle historique, l'intérêt des grands souvenirs, le vague désir de remonter les âges! Je
me rappelle encore l'émotion, toujours la même et toujours vive,
qui me faisait battre le cœur, quand, tout petit, j'entrais sous ces
voûtes sombres et contemplais ces visages pâles, quand j'allais et
cherchais, ardent, curieux, craintif, de salle en salle et d'âge en âge.
Je cherchais. Quoi? je ne le sais; la vie d'alors sans doute, et le
génie des temps. Je n'étais pas bien sûr qu'ils ne vécussent point,
tous ces dormeurs de marbre, étendus sur leurs tombes, et quand,
des somptueux monuments du xvie siècle éblouissants d'albâtre, je
passais à la salle basse des Mérovingiens, où se trouvait la croix de
Dagobert, je ne savais trop si je ne verrais point se mettre sur leur
séant Chilpéric et Frédégonde [3]. »

En 1814, une génération de grands historiens arrivait à
l'âge d'homme.

---

1. Il y a peut-être un peu d'exa-
gération voulue de la part de
Thierry à se rattacher ainsi à
Chateaubriand. Au moment où il
écrivait ces lignes (1840) il était
fort désireux de plaire au vieil
écrivain, devenu sympathique à
l'école libérale.

2. Michelet, *le Peuple*, p. xxvi.

3. *Révolution*, XII, vii.

II
1815-1830

1° POLÉMIQUES D'HISTOIRE ET DE POLITIQUE; LES CAMPAGNES DE THIERRY (1815-1820)

Ces hommes n'arrivèrent point du premier coup à la notion de l'histoire impartiale, à l'amour de la science pure et du travail désintéressé. Ceci est un fait caractéristique de l'esprit français au début du xix° siècle : les études historiques sourdirent, non de leur milieu naturel, de cet Institut où travaillaient sans gloire les derniers représentants de Saint-Maur et de l'Oratoire; mais de l'Université et de la jeunesse des écoles, alors passionnées par ces discussions politiques que la Restauration avait enfin permises et provoquées. L'histoire naquit à nouveau, non pas du paisible travail de cabinet, mais de la lutte des partis.

Montlosier, dans son livre sur la monarchie, parlait sans cesse de ces deux ennemis éternels, *l'ancien et le nouveau peuple*[1], la noblesse des Francs et les Gaulois vaincus; il justifiait par l'histoire, comme Boulainvilliers un siècle auparavant, les droits de la noblesse. La Charte de 1814 faisait, elle aussi, de l'érudition à sa manière; elle proclamait, à peu près en ces termes : « L'autorité entière réside dans la personne du roi : mais les rois, nos prédécesseurs, ont affranchi les communes; à leur exemple nous concédons une charte à nos sujets. »

Les hommes au pouvoir faisaient appel au passé pour demeurer les maîtres; la jeunesse libérale y fit appel pour lancer ses principes. La parole appartenait surtout à ceux qui, par profession, enseignaient l'histoire[2].

A peu de chose près, les destinées de Guizot et de Thierry

---

1. Thierry, *Consid.*, ch. IV. | 2. Cf. ici, p. xxx.

se ressemblent alors, si différents que soient leurs tempéraments ; Thierry, cœur chaud, âme toujours jeune, esprit un peu naïf, épris de vie et amoureux de sensations, passionné et inégal ; Guizot, esprit froid et méthodique, âme austère, volonté ferme, travailleur incomparable, raisonnable, raisonneur, rationnel et rationaliste dès sa jeunesse.

Depuis 1812, Guizot enseignait à la Sorbonne l'histoire moderne. La Restauration de 1815 en fit un fonctionnaire : il fut d'abord secrétaire général dans les ministères, puis maître des requêtes au Conseil d'État, où il trouva pour collègue et eut pour ami Barante. En 1820, les libéraux furent brutalement frappés : ce qu'on appelait alors la *contre-révolution* l'emporta. Guizot redevint historien pour être pamphlétaire, et, reprenant les expressions courantes de Franc et de Gaulois, il se mit du côté des Gaulois vaincus et revendiqua leurs droits historiques. Il écrivait :

« La Révolution a été une guerre, la vraie guerre, telle que le monde la connaît entre peuples étrangers. Depuis plus de treize siècles, la France en contenait deux, un peuple vainqueur et un peuple vaincu. Depuis plus de treize siècles, le peuple vaincu luttait pour secouer le joug du peuple vainqueur. Notre histoire est l'histoire de cette lutte. De nos jours une bataille décisive a été livrée ; elle s'appelle la Révolution [1]. »

Augustin Thierry, cette même année 1820, faisait, lui aussi, « de la polémique avec l'antagonisme social des Francs et des Gaulois », et cherchait dans les vieux livres « un arsenal d'armes nouvelles contre le gouvernement [2] ». Ancien élève de l'Ecole Normale, il avait quelque peu enseigné dans l'Université [3]. Puis, en 1814, la philosophie humanitaire de Saint-Simon le séduisit ; pendant trois ans il se dit « le fils adoptif » du maître et publia avec lui des traités sur la régénération de l'homme. En 1817, détaché du Saint-Simonisme, il se fit journaliste et défendit, dans le *Censeur Européen*, les droits du Gaulois vaincu, du conquis opprimé et de Jacques Bonhomme.

Ce fut dans ce journal que, de 1817 à 1820, il publia ces

1. Guizot, *du Gouvernement de la France depuis la Restauration*, 1820. Dans ses *Mémoires* (t. I, p. 298), Guizot est vraiment trop indulgent pour cet écrit, qui n'a qu'une valeur de circonstance.

2. *Dix Ans*, p. 6.

3. Voyez le livre de M. Valentin sur *Thierry* (collection Lecène et Oudin).

résumés vivants, imagés, pleins d'émotion et de noblesse,
qu'il a plus tard réunis dans ses *Dix Ans d'études historiques*[1] :
ce sont assurément des écrits de jeunesse et de circonstance,
rapidement pensés et vite composés, mais où se marquent déjà le
souci du document original et le goût de la couleur historique.
Le premier et plus important est celui *sur les Révolutions
d'Angleterre*, où il abuse étrangement de la conquête et de
ses conséquences : mais, en parlant de l'Angleterre, c'était à
la France qu'il songeait; il montrait comment, de l'autre côté
du détroit, les vaincus avaient perdu et recouvré leurs droits
et fondé leurs libertés : en ce temps-là, les journalistes et
les orateurs français parlaient aussi fréquemment des libertés
anglaises que leurs ancêtres de 89 avaient parlé des Gracques
et de Marius. — Trois ans après sa *Vue sur les Révolutions
d'Angleterre*, Thierry terminait sa campagne dans le *Censeur
Européen* par son *Histoire véritable de Jacques Bonhomme*
(mai 1820), où les passions du moment et- les intérêts du
parti se manifestaient encore trop clairement sous cette histoire de la conquête[2] :

« Il semble que le jour où, pour la première fois, la servitude,
fille de l'invasion armée, a mis le pied sur la terre qui porte aujour-
d'hui le nom de France, il ait été écrit là-haut que cette servitude
n'en devait plus sortir; que, bannie sous une forme, elle devait
reparaître sous une autre, et, changeant d'aspect sans changer de
nature, se tenir debout à son ancien poste, en dépit du temps et des
hommes. Après la domination des Romains vainqueurs, est venue la
domination des vainqueurs franks, puis la monarchie absolue, puis
l'autorité absolue des lois républicaines, puis la puissance absolue
de l'empire français, puis cinq années de lois d'exception sous la
Charte constitutionnelle. Il y a vingt siècles que les pas de la conquête se sont empreints sur notre sol ; les traces n'en ont pas disparu ;
les générations les ont foulées sans les détruire; le sang des hommes
les a lavées sans les effacer jamais. Est-ce donc pour un destin semblable que la nature forma ce beau pays que tant de verdure colore,
que tant de moissons enrichissent, et qu'enveloppe un ciel si doux ? »

Thierry entra, en juillet 1820, dans la rédaction du *Courrier
français*, et commença à écrire ses *Lettres sur l'Histoire de
France*[3]. Là encore, la pensée de la conquête le domine. Mais

---

1. Cf. ici, p. 20 et s.
2. *Dix Ans d'études historiques*, IIᵉ partie, IX.
3. Cf. ici, p. 38, surtout n. 1.

dès lors la lecture des anciennes chroniques l'a changé : il a lu les vieux documents, Grégoire de Tours et les Annales de Metz; il a trouvé dans les in-folio de dom Bouquet son chemin de Damas. Il n'écrit plus en faveur de Jacques Bonhomme, méconnu par la Charte de 1844; il écrit en faveur de l'histoire de France elle-même, défigurée et travestie par les Velly et les Anquetil :

« Dès les premiers mois de 1820[1], j'avais commencé à lire la grande collection des historiens originaux de la France et des Gaules[2]. A mesure que j'avançais dans cette lecture, à la vive impression du plaisir que me causait la peinture contemporaine des hommes et des choses de notre vieille histoire, se joignait un sourd mouvement de colère contre les écrivains modernes, qui, loin de reproduire fidèlement ce spectacle, avaient travesti les faits, dénaturé les caractères, imposé à tout une couleur fausse ou indécise.... Au calme d'esprit avec lequel je parcourais ce labyrinthe de doutes et de difficultés, il me semblait que je venais enfin de rencontrer ma véritable vocation. »

Qu'on donne aux Francs, répète Thierry, la barbarie franque; que l'historien leur rende la francisque, les longs cheveux, les mœurs brutales, l'avidité et la luxure; qu'il montre chez ces conquérants l'allure barbare de la conquête. — A côté de ce premier conseil, en voici un autre, plus fertile en conséquences : que l'on refasse l'histoire du peuple conquis; les Francs ne sont pas la France : on a envers celle-ci le devoir de connaître les institutions, les mœurs, les pensées des populations soumises et des classes inférieures, des campagnes et des villes; « La roture a son histoire autant que la noblesse »; qu'on suive le développement des libertés communales, « berceau de la liberté du Tiers Etat ». — Et enfin, la monarchie française est faite de la conquête des provinces : étudions séparément l'histoire de chacune d'elles, au même titre que l'histoire de la monarchie[3].

En donnant ces conseils, Thierry remettait en honneur les publications obscures des érudits du siècle passé, les éditions des documents originaux, les recherches sur les Ordonnances, les histoires provinciales; il invitait à continuer et à assu-

1. Préface des *Dix Ans*. | cf. p. 39.
2. Editée par dom Bouquet, | 3. Cf. ici, p. 37 et 38.

jettir ces assises éternellement solides de l'histoire de France.
— Mais en même temps il introduisait dans la science ce
qu'on appelait déjà le romantisme : la recherche des traditions
populaires et provinciales, le sens de la couleur locale et de la
peinture historique, le récit faisant tableau.

La contre-révolution de 1820 rendit à ces esprits d'élite le
service de les renvoyer à leurs travaux. Barante et Guizot
furent exclus du Conseil d'État ; Guizot reprit au mois de décembre sa place à la Sorbonne. En janvier 1821, le *Courrier
français* congédia Thierry, devenu trop sérieux pour les
abonnés de la province, trop hardi pour la censure[1].

Alors, sans oublier les intérêts politiques qui avaient inspiré
leurs premiers écrits, ils demandèrent à l'histoire, non plus
des instruments de combat, mais l'occupation de leur vie et
les jouissances de la vérité.

2° GUIZOT, DE 1822 A 1830. L'ÉCOLE PHILOSOPHIQUE[2]

Guizot se trouva le premier à « marcher dans la voie du
siècle » : c'était l'aîné de tous, sa raison l'avait mûri avant l'âge,
et les nécessités de l'enseignement avaient fixé sa méthode.
Surtout, c'était un travailleur prodigieux, peut-être le plus éner-
gique et le plus solide de son temps. Ajoutez à cela cette décision d'esprit, cette netteté d'organisation qu'il apporta dans
ses travaux historiques comme dans le gouvernement de
l'État.

En 1823, il publia les *Essais sur l'Histoire de France*[3].

Telle était encore la réputation de Mably, que Guizot voulut
placer son livre sous le patronage posthume du grand homme :
il ne le fit paraître que comme complément aux *Observations*
de Mably, dont il publiait en même temps une nouvelle édition. Mais, dès l'année suivante, ses *Essais* paraissaient à part.

---

1. Voyez la note de la p. 39.

2. L'expression d'*école philosophique* se trouve dans les *Études
historiques* de Chateaubriand
(1831), opposée à celles d'*école
narrative* et *école fataliste*. Il
n'est point sûr qu'elles aient été
imaginées par Chateaubriand.

Voyez encore sur les différentes
manières d'écrire l'histoire en
ce temps-là, Barante, *Études littéraires*, t. II, p. 352 ; Nettement,
*Histoire de la littérature fran-
çaise sous la Restauration*, t. II,
1853, liv. VI.

3. Cf. ici, p. 127.

Entre Mably et Guizot il y avait un monde de pensées nouvelles et de nouveaux travaux. Mably s'était assez peu préoccupé de l'analyse des documents : de là, « des méprises, des variantes sur les mêmes données fausses, des suppositions bâties à côté des faits [1] ». Chez Guizot, la lecture des textes originaux a précédé la théorie, l'a déterminée ou l'a contrôlée. Après s'être servi des textes, il a recouru aux ouvrages modernes ; il a eu la curiosité de lire ce que les juristes et les philosophes allemands avaient écrit sur la matière ; il ne craint pas d'accepter leur doctrine et de le dire. Les *Essais* sont un travail de rigoureuse méthode et de scrupuleuse droiture.

Certes Guizot subit encore l'influence de Mably et des philosophes politiques. Son but est de rechercher comment « les institutions libres, les institutions aristocratiques, les institutions monarchiques » se sont transformées ou combattues jusqu'au x⁰ siècle. C'est de Germanie que dérivent, selon lui, les institutions politiques de la Gaule : « Les Germains ont appliqué à leur nouvelle situation les principes d'après lesquels ils gouvernaient » ; le système féodal est né au delà du Rhin, et Charlemagne a rendu vigueur au principe de liberté. Guizot, comme Mably, est *germaniste* convaincu. Mais l'est-il devenu en lisant les textes ou sous l'action de Mably ? La lecture de ses pamphlets nous inviterait à la seconde conclusion, mais la lecture de ses livres nous fait pencher pour la première [2].

Même après trois quarts de siècle d'analyses minutieuses et de discussions acerbes, les *Essais* demeurent un bon et beau livre. Il a fallu à Guizot, en plus de ses efforts de travail, une clairvoyance instinctive de la vérité, pour arriver, sans guide sûr, à d'indiscutables résultats. Son livre est la première percée de lumière qui ait traversé les ténèbres de nos primitives institutions. Sur la ruine des classes moyennes au iv⁰ siècle, sur l'Église, héritière du régime municipal romain, sur les caractères communs du gouvernement de Clovis et de Syagrius, sur l'étroite relation qui existe entre l'état des terres, l'état des personnes et les institutions politiques, sur les assemblées carolingiennes, instrument de gouvernement et non pas intervention populaire [3], sur les caractères propres

---

1. Thierry, *Considérations.*
2. Ne pas oublier que Guizot est professeur d'histoire depuis 1812.

3. On reprocha à Guizot cette théorie. Suivant Daunou, il n'avait pas donné assez d'importance

du régime féodal, sur l'opposition entre la royauté anglaise et la royauté française, celle-là, forte dès le début, mais ayant en face d'elle une résistance collective, celle-ci, faible, mais ne luttant que contre des forces individuelles, sur tous ces points on a, depuis Guizot, multiplié les recherches et varié les formules : nul n'a dit ce qu'il y avait à dire plus exactement et mieux que lui.

Six ans après, dans son cours de la Sorbonne (1828-1830) sur l'*Histoire de la Civilisation*, Guizot reprenait et développait la plupart de ses théories : dans le volume sur l'Europe, il poursuivait l'histoire des institutions jusqu'au xviiie siècle; dans les volumes sur la France, seulement jusqu'à Philippe le Bel.

Ses recherches s'étaient étendues; non seulement il s'avançait bien au delà du xe siècle, mais à l'étude des institutions sociales et politiques il joignait celle de la société religieuse, du mouvement des idées et des lettres. C'est l'esprit de toutes les lois publiques et de toutes les pensées morales qu'il voulut retrouver. Il ne refaisait pas seulement la théorie des institutions, mais il pénétrait, disait-il, l'âme de la société tout entière.

La méthode d'investigation est ici plus sûre que dans les *Essais* : non seulement Guizot recourt aux documents, mais, le cas échéant, il s'inquiète des manuscrits qui les renferment, des variantes et des gloses. La *Civilisation* a formé le sujet de cours publics : mais, si applaudies que fussent ses leçons, Guizot songeait, en les faisant, plus aux étudiants qui travaillent qu'aux curieux qui entendent. Il n'a point, dans son nouveau livre, dissimulé l'armature scientifique de ses développements : des pages entières de textes originaux sont citées et commentées; des catalogues et des statistiques apparaissent dans le cours même de la leçon. En même temps qu'il donnait le résultat de ses recherches, Guizot indiquait comment il les avait conduites, comment l'historien doit procéder. C'est un livre de méthode.

La marche des idées ne semble pas alourdie. On la suit sans peine. Personne, sauf Fustel de Coulanges, n'a eu au même

aux Assemblées du Champ de Mars. Voyez le *Journal des Savants* de décembre 1823. Ainsi, de son temps, Guizot était jugé comme trop peu *germaniste*. Qu'aurait-on dit de Fustel?

point que lui l'art de trouver une idée dans un fait, un sentiment dans un texte, une pensée dans une phrase, et de grouper en tableaux vivants (qu'on me pardonne l'expression) des phénomènes de l'ordre social. Rien de concret ; de rares images ; quelques comparaisons çà et là, sobrement présentées ; une sorte de crainte des métaphores : c'est, comme disait Thierry, la pure « abstraction des faits », et, à certains moments pourtant, l'intérêt est celui du récit le plus coloré.

Ce qui était nouveau dans ces livres, c'était la place prépondérante faite à l'Église. Quelqu'un avait enfin compris que le sentiment religieux a été la raison d'être de la civilisation médiévale. Et cet ennemi des évêques parla de saint Benoît, du clergé gallo-romain et du rôle de l'Église, en termes que le plus fougueux congréganiste n'eût point désavoués.

Guizot a beau être un « abstracteur » et un théoricien. Il a fait, dans son livre, une très belle place aux grands hommes : ils avaient été laissés un peu à l'écart par les historiens politiques du siècle passé ; ils seront plus oubliés encore des vrais héritiers de Guizot, Tocqueville et Fustel de Coulanges. Dans cette *école philosophique*, l'écrivain de 1828 est le seul[1] à revendiquer pour les grands hommes le pouvoir d'influer sur la société et de transformer le monde[2]. Il avait vécu trop près de Napoléon pour ne voir en lui qu'un simple produit de la Révolution, et dans l'Empire que le résultat de forces fatales. Que ces conducteurs des hommes soient grands surtout parce qu'ils mettent leur génie « à comprendre les besoins de leur temps », à s'en emparer, à les satisfaire au profit de leur ambition, Guizot le dit et le répète. Mais il affirme que le grand homme « veut agir et agit en effet sur l'esprit humain comme sur la société[3] ». De là, dans son livre, ces belles pages sur Clovis, sur saint Louis, et cet admirable chapitre sur Charle-

---

1. Il faut ajouter à cet égard Victor Cousin qui, dans sa *Philosophie de l'Histoire*, fait une place essentielle aux « chefs » : « Par chefs, je n'entends pas ceux qui commandent en apparence, j'entends ceux qui commandent en réalité, ceux que les peuples suivent en tout genre, parce qu'ils ont foi en eux et qu'ils les consi-dèrent comme leurs interprètes et leurs organes, et parce qu'ils le sont en effet. » Cf. ici, p. XXXII.

2. *Civilisation en France*, II⁰ p., XV⁰ leçon : « Le caractère personnel, la volonté libre des rois qui régnèrent du XI⁰ au XIII⁰ siècle, influa puissamment sur le cours des choses. »

3. Cf. ici, p. 164.

magne; de là aussi, pour le lecteur que la théorie pure pourrait fatiguer, des moments de halte et de repos.

Ce qui explique peut-être la place que les personnages ont prise dans ces livres, c'est que, depuis les *Essais*, Guizot avait écrit son premier ouvrage d'histoire narrative, le *Règne de Charles I*er, première partie de son *Histoire de la Révolution d'Angleterre* (1826-27).

Les premiers mots de cette histoire montrent en effet qu'elle n'est et ne veut être qu'un récit :

« Le 27 mai 1625, Charles I*er* monta sur le trône, et aussitôt il convoqua un Parlement. A peine la Chambre des Communes était assemblée qu'un homme de bien, compté sous ce dernier règne parmi les adversaires de la cour, sir Benjamin Rudyard, se leva, et fit la motion qu'on ne négligeât rien désormais pour maintenir entre le roi et le peuple une parfaite harmonie : « Car », dit-il, « nous pouvons tout espérer du prince qui nous gouverne, pour le bonheur et les libertés de notre pays.... »

C'est exactement de la même manière que l'ami de Guizot, Barante, avait commencé son *Histoire des ducs de Bourgogne*, qui est et demeurera le type de la chronique historique (parue en 1824); je ne doute pas que Guizot, dans son livre sur Charles I*er*, ne se soit inspiré de la méthode de Barante. Immédiatement après ce préambule viennent le portrait du roi et le tableau de l'Angleterre en 1625; quinze pages plus loin, le récit reprend. Barante ne procédait pas autrement.

On pouvait s'y attendre : la narration, chez Guizot, est un peu froide et presque trop digne; elle est loin d'être terne, mais elle manque d'éclat; si l'émotion n'en est pas absente, elle est noblement contenue; la vie y est forte et sans expansion. Mais le style est si clair et si ferme, l'auteur s'efface si complètement et repousse avec une telle habileté les ornements étrangers, que, lorsque la scène est grandiose ou terrible, le lecteur la voit sans peine dans toute sa beauté. Il y a dans les cérémonies de l'Église protestante, même sous ces voûtes nues et grises, au son de ces chants d'une simple mélodie, au milieu de ce culte sans ornements et sans mystères, des moments d'une émouvante grandeur : c'est ce genre d'émotion que Guizot connaissait et qu'il mit dans son œuvre[1].

1. Voyez Taine, *Essais de critique*; Faguet, *XIXe Siècle*; Jules Simon, *Thiers, Guizot, Rémusat,* 1885; Bardoux, *Guizot,* 1894, etc.

Plus encore peut-être que dans ses ouvrages sur les institutions de la France, la science, dans *la Révolution*, est impeccable. Chaque ligne a sa preuve, chronique, pamphlet ou procès-verbal officiel. Chez les savants anglais de nos jours, Guizot passe pour un guide d'une sûreté absolue. Ce théoricien des lois était devenu un habile metteur en scène de documents.

Guizot avait en effet la passion des documents au même degré que Thierry. Avant de publier son *Histoire de Charles I*er, il avait organisé et dirigé une *Collection de documents relatifs à la Révolution d'Angleterre*. Après avoir publié ses *Essais*, il entreprit une *Collection de mémoires relatifs à l'Histoire de France* (depuis le 15 déc. 1823). Il disait, dans le prospectus de cette collection :

« Les monuments originaux de notre ancienne histoire ont été jusqu'ici le patrimoine exclusif des savants; le public n'en a point approché. Il n'a pu connaître la France et sa vie, du ve au xiiie siècle, que par les ouvrages d'écrivains modernes. »

Dans cette collection, qu'il surveilla de très près, Guizot traduisit l'histoire de Grégoire de Tours : sa traduction était exacte, élégante, d'une naïveté tout historique. C'était une façon, pour Guizot, de faire son « récit des temps mérovingiens ».

En 1822, l'État suspendit le cours que Guizot professait à la Sorbonne; il ne put le reprendre qu'en 1828. De cette manière, il n'avait pas été affaibli par l'action parfois énervante du professorat continu; d'autre part, il n'avait pas eu le temps de s'endormir dans la douce quiétude d'un travail que rien ne dérange. A la fois orateur et érudit, chef d'équipes de travailleurs et écrivain aux réflexions personnelles, documenté par le livre et par la pensée, narrateur entre deux ouvrages de philosophie historique, Guizot était, en 1830, un des hommes les mieux doués que la France possédât, l'historien qui pouvait paraître le plus prêt pour les plus belles choses.

Guizot était alors le principal représentant de l'école philosophique. On ne citait guère, au-dessous de lui, que Lemontey[1], dont nous avons parlé, et Raynouard, définitivement gagné aux études historiques : son *Histoire du droit municipal*

1. Lemontey, *l'Histoire de la Régence et de la minorité de* Louis XV (1832 et s.) se rattache davantage au genre narratif.

(1829), malgré de nombreuses erreurs et le parti pris de tout ramener à des origines romaines, contribuait fortement à développer l'étude des institutions communales et le patriotisme rétrospectif du Tiers État. Il a été le premier à suivre les conseils donnés par Thierry.

3° L'ÉCOLE NARRATIVE : BARANTE, THIERRY

Mais les goûts romanesques de l'époque demandaient surtout des récits de bataille, des scènes attendrissantes, de pittoresques descriptions. Walter Scott et Fenimore Cooper s'imposaient même à Guizot, qui, dans ses cours et ses livres, es nommait sans sourire et les citait sans crainte.

En ce genre, Michaud avait été un devancier assez oublié en ce temps-là. Sismondi vint ensuite avec son *Histoire des Français*[1]. Les trois premiers livres de ce dernier ouvrage furent le gros événement historique de 1821.

Celui-là aussi suivit les conseils de Thierry. Anquetil avait copié Velly, Velly avait copié Mézeray ; Sismondi affecta de ne point connaître ses devanciers; il alla, dit-il, aux textes, et en tira son livre. Les faits sont exactement présentés ; il y a effort pour éviter ces anachronismes de style que Thierry pourchassait, et, comme disait Guizot, « pour transporter ses lecteurs au sein de la vieille France[2] ». Tout le monde, et avec raison, vanta dans ce livre « une riche et solide instruction ». Mais, en ce qui concernait les institutions, les mœurs, les lettres, les idées, Sismondi était fort superficiel ; et on lui reprochait[3] d'avoir échoué dans le récit de ces deux règnes de saint Louis

1. Pour ne point parler de son *Histoire des Républiques italiennes* (1807-1818), à laquelle les contemporains reprochaient d'être mal écrite (et avec raison) et d'avoir négligé l'histoire littéraire. Du même temps et de la même école : Ségur, *Histoire universelle*, 1821 et s. ; Villemain, *Histoire de Cromwell, d'après les mémoires du temps et les recueils parlementaires*, 1819, 2 v. ; Daru, *Histoire de la République de Ve-* nise, 1819 et s. Il faut dire toutefois que de tous les historiens de ce temps, Daru est peut-être celui qui a fait le plus complètement et le plus méthodiquement de la critique des sources. *L'Histoire de Paris* de Dulaure (1821) fut fort discutée.

2. Guizot dans le prospectus de sa *Collection de Mémoires relatifs à l'histoire de France*.

3. Daunou, *Journal des Savants*, août et sept. 1821.

et de Charlemagne, auxquels ses contemporains tenaient particulièrement. Le style manque d'élégance, de pureté, et parfois même de correction. Et enfin, quelle étrange manière d'envisager l'invasion barbare !

« Deux nations dont le caractère est dissemblable, dont les institutions sont absolument différentes, la gauloise et la française, se sont succédé : l'histoire de l'une est indépendante de celle de l'autre. Confondre l'histoire des Français avec celle des Gaulois, ce serait faire perdre à la première l'unité qui la distingue. »

Malgré les dates, Sismondi est plus près d'Anquétil que de Guizot, et il fallait que cette génération eût une ardente passion des choses historiques pour s'engouer de lui.

L'*Histoire des ducs de Bourgogne*, qui suivit quelques mois après (1824-1826), fut accueillie avec plus d'enthousiasme encore, et cette fois le public ne fut point trop égaré par ses goûts. Le livre de Barante est le modèle, non pas précisément de l'histoire narrative, mais, ce qui n'est pas tout à fait la même chose, de la chronique historique. Pas la moindre discussion, pas même çà et là un mot de l'auteur : il n'intervient jamais [1]. Il met bout à bout, du reste avec un art infini aux points de suture, les chroniqueurs du temps, et il a choisi fort habilement le temps le plus fertile en chroniques détaillées et pittoresques, celui de Froissart et du religieux de Saint-Denys. S'il traduit leurs récits en bon français moderne, il laisse à la phrase un archaïsme d'une naïveté légèrement factice. Les réflexions ne manquent pas pour couper la narration. Mais Barante n'a garde d'y exprimer sa propre pensée : comme Tacite et Tite-Live, il fait juger les hommes et les choses par les personnages qu'il met en scène. Il y a dans l'*Histoire des ducs* un assez grand nombre de documents, intéressants et bien traduits : mais ils sont placés au moment où on a dû les lire à haute voix devant le peuple assemblé ou le conseil réuni. A quoi bon, disait Barante, « des recherches sur le progrès des lumières, l'état des lettres, la direction des études » au xv⁰ siècle? des harangues et des sermons servent à l'historien à « mettre en action » les résumés qu'il aurait pu donner. De cette façon, non seulement on voit

1. Voyez ce qu'il dit de sa méthode, ici, page 113 et s.

les événements, mais on les entend en quelque sorte : « on se mêle à la réalité ; il n'y a plus d'historien ni d'auteur ; c'est le vrai qui s'offre lui-même aux regards de l'observateur ».

L'œuvre de Barante est à la limite extrême qui sépare l'histoire du roman historique. Elle ne la dépasse pas. Car l'auteur a fait des recherches chronologiques profondément sérieuses ; il a critiqué les documents avant de les accepter ; il a choisi entre les chroniqueurs, et, luttant par droiture historique contre l'esprit même de son livre, il n'a pas toujours choisi le plus pittoresque[1].

Thierry arriva le dernier dans ce mouvement historique, que ses articles avaient en partie provoqué ou dirigé. Il avait quelque temps hésité entre les deux écoles. Le succès de Barante, mais surtout la lecture un peu trop assidue de Walter Scott le déterminèrent à écrire le récit de *la Conquête de l'Angleterre par les Normands*. L'ouvrage parut en 1825, et le succès, quoique trouvant un public déjà habitué à ces sortes d'œuvres, dépassa, semble-t-il, tous ceux qui avaient précédé[2].

Il y a dans ce livre sympathique et célèbre un travail de réflexion et d'observation personnelles qui manque à celui de Barante. Thierry n'est pas comme ce dernier, l'esclave heureux de la chronique. Les institutions l'intéressent autant que les faits. Les causes de la conquête sont indiquées ; les conséquences, c'est-à-dire les luttes entre les deux races, sont suivies jusqu'aux dernières limites possibles, par exemple jusqu'à l'histoire de l'Irlande contemporaine. On peut presque dire que, sous la forme d'une narration, l'ouvrage est le développement d'une théorie : — la perpétuité des conflits entre les races, la durée de l'influence d'une conquête sur l'état social et politique d'une nation. Mably et les autres, en étudiant cette influence dans l'histoire française, avaient présenté leurs résultats sous une forme déductive ; Thierry dissimule les siens sous le récit d'un long drame.

Que cette théorie soit exacte, c'est ce que peu de personnes acceptent aujourd'hui. Les conséquences sociales ou morales de la conquête ont été assez rapidement effacées. Elle a eu de

---

1. Sur Barante, cf. Guizot dans la *Revue des Deux Mondes* du 1ᵉʳ juillet 1867.

2. Évidemment le sujet alors était par lui-même populaire. En 1822 Dorion eut le courage de publier *la Bataille d'Hastings, poème en 12 chants.*

longues conséquences politiques (la force de la royauté, la cohésion de la féodalité anglaise); mais les questions de race n'ont rien à voir là dedans, et le développement des libertés anglaises est non pas la revanche des vaincus, mais le travail naturel de la société sur elle-même. Il a manqué à Thierry, pour faire un livre de science, cette minutieuse analyse des documents, cette discussion acharnée avec les chroniqueurs, cette patiente statistique des faits ou des noms qui sont le travail préalable à tout jugement sur le passé. Le doute est la condition de l'histoire : Thierry, par nature, était la confiance même. Il a trop vu sa *Conquête* avant de l'avoir achevée.

Dans le récit même, il n'a pas été assez scrupuleux sur le choix de ses chroniques. Il emprunte au *Roman de Rou* le passage sur le débarquement de Guillaume en Angleterre[1] : mais les incidents en semblent tellement des réminiscences classiques, que l'on demeure incertain. Le discours du duc normand avant Hastings est superbe d'énergie et de concision : Thierry l'a du reste fait et refait plusieurs fois; mais le ton et les idées principales, il les a empruntés fidèlement au *Roman*. Est-il bien sûr de sa source ? Guillaume le Conquérant n'y parle pas autrement que les Romains de Tite-Live ou l'Agricola de Tacite. Et on pourrait citer des défaillances plus dangereuses.

Ces réserves faites (et elles sont graves), le livre de Thierry demeure une œuvre historique fort séduisante : elle a une telle grâce d'allure, la langue y est d'une si franche clarté, une si douce émotion y est répandue ! c'est, comme on l'a dit, l'aimable « épopée des vaincus ».

Avec la gloire, le malheur arrivait à Thierry. Aveugle, malade, il s'arrêta près de deux ans dans cette vie de travail qui était sa grande joie[2]. Il ne put, pendant les années qui suivirent, écrire que quelques lettres sur l'histoire des communes, en particulier de Laon, de Reims et de Vézelay. Tout en demeurant fidèle à ses habitudes narratives, il abordait cette étude du Tiers État qu'il avait lui-même proposée à ses contemporains. Là encore, il retrouvait « ses vaincus », chers à son esprit de saint-simonien et de libéral. Ces *Lettres* paru-

1. Cf. ici, p. 49 et suiv. | 2. Cf. ici, p. 23.

rent en 1827, et il les fit précéder de celles qu'il avait données en 1820 sur l'*Histoire de France*.

Depuis dix ans, les conseils de Thierry avaient porté leurs fruits; « la véritable science s'élevait et commençait à rallier autour d'elle les penseurs et les esprits droits ». L'ingratitude inhérente aux écrivains faisait oublier que Thierry avait été l'initiateur de cette renaissance : il rappela noblement, en publiant ce livre [1], ce que l'histoire lui devait.

4° LES HISTORIENS DE LA RÉVOLUTION : THIERS ET MIGNET

Entre ces deux écoles, ou plutôt ces deux tendances historiques, l'*école philosophique* et l'*école narrative*, les critiques de 1830 faisaient une place à part à ce qu'ils appelaient l'*école fataliste* [2] : elle était représentée par les deux historiens de la Révolution, Thiers et Mignet, dont les œuvres parurent en 1823 et 1824. — On lui donnait ce nom parce que l'un et l'autre voyaient dans la Révolution le développement logique de causes données; que l'un et l'autre regardaient la Terreur comme un mal nécessaire : sans elle on n'eût pu sauver la patrie. « La résistance intérieure », disait Mignet, « a conduit à la souveraineté de la multitude, et l'agression du dehors à la domination militaire. » « La Révolution », écrivait Thiers, « prit enfin le caractère militaire, parce qu'au milieu de cette lutte perpétuelle avec l'Europe il fallait qu'elle se constituât d'une manière solide et forte. » « Le 18 Brumaire était nécessaire. » Et la parole suivante de Mignet résume bien les opinions essentielles et communes de l'un et l'autre écrivain : « Lorsqu'une réforme est devenue nécessaire, et que le moment de l'accomplir est arrivé, rien ne l'empêche, et tout la sert. »

Toutefois ni Thiers ni Mignet ne sont, tant s'en faut! des théoriciens et des philosophes. Leurs livres ne rappellent rien moins que ceux de Guizot ou de Tocqueville. Quelques réflexions, assez banales, on le voit, à propos de chaque

----

1. *Lettres*, p. 3; cf. ici, p. 38.—
2. Expression de Chateaubriand dans la préface de ses *Études historiques* (1831) : « MM. Thiers et Mignet sont les chefs de l'école fataliste. » Plus loin il appelle leurs disciples « les dogmatiques de la Terreur ».

événement ; de vagues considérations au début et à la fin de l'ouvrage, et combien écourtées ! Trente pages sur dix volumes suffisent à Thiers pour exposer les causes de la Révolution, et il y a bien des assertions hasardées en quelques mots : « Les Barbares » (ce sont les premiers mots de Thiers) « établirent en Gaule leur hiérarchie militaire : l'autorité s'y partagea entre le chef féodal appelé roi, et les chefs secondaires appelés vassaux. » Et Mignet de même, tout au début : « Le roi n'était qu'un simple chef militaire ; la nation élisait son chef. Cette démocratie royale fit place, pendant le régime féodal, à une aristocratie royale. » Dans le courant de ces livres, vous ne trouverez aucune étude sérieuse sur les transformations administratives, les luttes sociales, les idées morales, l'état des provinces, et sur ce qu'on peut appeler la vie intérieure de la Révolution. Ce sont des narrateurs, et rien de plus, et, malgré la pensée qu'on a eu de les grouper en une école séparée, ils doivent être placés à côté et au-dessous de Thierry.

Thiers et Mignet se tiennent, comme lui, tout à fait à la surface des faits, tels que le récit peut en être assez aisément tracé à l'aide des mémoires et des comptes rendus officiels. Ils ont créé, ou plutôt ils ont popularisé cette histoire traditionnelle et classique de la Révolution, que les érudits de nos jours ont peine à déraciner de nos souvenirs[1].

Mais ces deux narrations, sans avoir la couleur et le charme qu'ont trouvés nos beaux conteurs historiques, se lisent avec facilité, souvent avec agrément. Mignet est froid, prudent, précis, presque déjà académique ; ses informations sont plus exactes. Thiers est plus irrégulier, plus jeune, avec, çà et là, des réflexions subites de colère, de tolérance, d'admiration, également naïves et bourgeoises : « La cocarde tricolore », dit-il quelque part, « est foulée aux pieds : ce fait a été nié, mais le vin ne rend-il pas tout croyable et excusable ? » Mignet n'est pas à l'abri de ces bourgeoisismes : « Heureux les hommes », s'écrie-t-il par exemple[2], « s'ils savaient s'entendre ! les révolutions se feraient à l'amiable. » Tous deux, malgré leur jeunesse (Mignet était né en 1796, Thiers en 1797), malgré leur origine méridionale (celui-là est Aixois, celui-ci Marseil-

1. Thiers s'inspirerait plutôt de Lacretelle ; Mignet, de Rabaut Saint-Etienne, que Lacretelle a continué (Aulard, cf. ici, p. x, n. 1).

2. Tome I, p. 180.

lais), malgré la fougue habituelle à leur vie d'avocat ou de
journaliste, tous deux ont atténué le dramatique de la Révolution. Ils ont presque éteint la chaleur, la couleur, la variété
et la vie qui rayonnent dans les documents de l'époque, ces
œuvres passionnées de 1789. Dans la régulière canalisation de
leur récit, tout se perd uniformément.

5° CARACTÈRES COMMUNS DE CES ÉCRIVAINS

Tous ces historiens se ressemblent en plusieurs points. Ils
appartiennent au parti libéral : ce sont des hommes d'opposition au gouvernement contre-révolutionnaire ; le travail est
chez eux une manière d'occuper leurs forces et aussi d'essayer
et d'exercer leur influence ; leurs études groupent autour
d'eux des élèves, des auditeurs, des amis : ils ont une clientèle historique dont ils font aussi un clan politique. — Ils
appartiennent par leur origine (Barante excepté) à cette
classe moyenne, à cette bourgeoisie honnête et laborieuse dont
ils souhaitent l'avènement aux affaires; presque tous exercent
des professions libérales : avocats, journalistes, professeurs
surtout, ils vivent de leur talent et souvent de leurs livres
mêmes. — Enfin, l'amour des libertés et l'amour-propre de
la bourgeoisie donnent à leurs œuvres une inspiration commune. Mignet et Thiers veulent venger la Révolution des écrits
de Lacretelle[1] et des attaques de la Congrégation : ils en
écrivent l'histoire pour justifier les espérances ou assurer les
positions du parti libéral. Thierry, en Angleterre, à Reims
ou à Vézelay, est l'homme des vaincus. Barante préfère les
chroniqueurs hostiles à Louis XI, alors le type consacré du
despotisme[2]. Guizot ne dissimule jamais sa sympathie pour

1. M. Aulard dit avec raison :
« M. Thiers exposait avec bonne
humeur les faits que Lacretelle
et les autres exposaient avec tris-
tesse. » *Etudes et Leçons*, p. 33.
2. On doit lire toute la préface
de Barante pour voir jusqu'à quel
point il est préoccupé de trouver
dans l'histoire du xv° siècle des
raisons de mieux aimer et de
mieux faire aimer la liberté politique et la liberté religieuse. Voyez
t. I, p. 79 : « J'espère donc, sans
l'avoir traitée explicitement, ne
pas être demeuré inutile à cette
vaste question qui occupe et
absorbe tous les esprits, et qui se
plaide sur toute la surface du
monde civilisé par la parole ou
par les armes; à cette question
qui embrasse aujourd'hui la politique, la morale, la religion, et

« l'idée de liberté », et il la recherche avec un certain plaisir sous les Romains du Bas-Empire et au temps de Charlemagne. Pourtant (dût cette assertion paraître paradoxale en notre temps trop hostile à Guizot), c'est lui peut-être qui, sans y réussir toujours, a fait le plus heureux effort pour n'être jamais qu'historien[1]. — C'est enfin le tempérament libéral de ces écrivains qui explique l'intérêt particulier qu'ils ont pris à l'histoire de l'Angleterre, la patrie et le modèle des institutions qu'ils aimaient.

Qu'ils aient campé un peu la vérité à la moderne, cela était inévitable. Leurs récits ressemblent aux vignettes qui accompagnaient leurs livres ; les personnages ont les costumes de leur temps, mais ils ont une allure romantique et théâtrale, et il n'est pas une très grande différence entre la pose de Charles le Téméraire et celle de Mirabeau. Mais quel historien pourra jamais s'abstraire entièrement de son époque, de son milieu, de ses sympathies personnelles ? Lenain de Tillemont n'a pu y arriver lui-même ; Fustel de Coulanges et Tocqueville, sous les dehors d'une science austère et toute objective, ont été des passionnés, des hommes de combat et, à certaines heures, des hommes du moment.

Rendons la justice aux historiens de 1820 qu'ils ont fait tout ce qu'ils ont pu pour ne point subordonner la vérité à la liberté. Et voici peut-être la principale ressemblance qu'on trouvera entre eux tous : le recours constant et immédiat aux documents. C'est, dans notre littérature historique, le plus large emprunt qui ait encore été fait aux sources mêmes de l'histoire.

6° LES DÉBUTS DE MICHELET. NOUVELLES TENDANCES[2]

En dehors volontiers de toute école française et de toute influence politique, travaillaient alors Michelet et Quinet, les

jusqu'à l'intelligence humaine ; à cette question du pouvoir et de la liberté, ou, pour mieux parler, de la force et de la justice. »

1. On peut le croire lorsqu'il dit dans les *Mémoires pour servir à l'histoire de mon temps*, chap. VII : « Plus soigneusement encore qu'en 1821, je tins mon cours [en 1828-1830] en dehors de toute politique. »

2. C'est l'école qu'on a appelée *idéaliste* ou *symbolique*.

derniers venus dans l'histoire ou l'enseignement. En 1822, au moment où les grands livres paraissaient, Quinet n'avait pas encore vingt ans ; Michelet avait vingt-cinq ans, était professeur d'histoire au collège Sainte-Barbe. Des projets nombreux grondaient en lui ; sa vocation était confuse : ses goûts l'entraînaient vers la philosophie ou mieux vers les spéculations métaphysiques sur l'histoire et les idées des peuples.

Dans l'histoire de la vocation et des œuvres de Michelet et de son ami Quinet, il est juste de rappeler d'abord l'influence de leur maître commun Victor Cousin. C'est lui qui les dirigea vers la philosophie et qui leur montra l'Allemagne ; c'est à lui qu'ils durent de connaître et de traduire, Michelet, Vico, et Quinet, Herder[1]. Puis Cousin, dans ses leçons sur la *Philosophie de l'Histoire* (1828), indiquait, en s'inspirant de Herder, quelques-unes des règles de méthode dont Michelet ne s'écartera jamais. — L'historien, disait Cousin, doit d'abord étudier le pays dont il parle ; l'histoire est un drame : que l'écrivain connaisse « le théâtre du drame ». Et dans ce drame, continuait Cousin, il faut distinguer le rôle de « la masse », qui « remplit la scène », et celui des « chefs », qui parlent et gesticulent. « Les lieux, les peuples, les grands hommes », concluait Cousin, « voilà les trois choses par lesquelles l'esprit d'une époque se manifeste[2]. » Michelet ni Quinet n'oublièrent jamais ces leçons.

Pour concilier ses devoirs de professeur et ses tendances naturelles, Michelet traduisait la *Scienza nuova*, de Vico[3]. Dans

1. Cousin, *Cours de philos.*, introd., 1828, p. 26 : « L'ouvrage de Herder [sur la philosophie de l'histoire de l'humanité] est le premier grand monument élevé à l'idée du progrès perpétuel de l'humanité, en tout sens et dans toutes les directions. Les races, les langues, les religions, les arts, les gouvernements, les systèmes de philosophie, tout a sa place dans l'histoire de l'humanité telle que l'a conçue Herder. » « Herder aussi a vu que dans ce monde l'homme ne pourrait se soustraire à l'influence des climats et des lieux, et la géographie physique a pour la première fois joué entre ses mains un grand rôle dans l'histoire. » « Cet ardent amour de la civilisation, dans Herder, est porté jusqu'à l'enthousiasme ; dans Vico, l'enthousiasme n'est pas dans la forme, mais il est dans le fond.... Je me félicite moi-même d'avoir encouragé mes deux jeunes amis, MM. Michelet et Quinet, à donner à la France Vico et Herder. »

2. *Cours de l'histoire de la philosophie, introduction*, VIIIe leçon.

3. *Principes de la Philosophie de l'Histoire*, 1827. Cf. Monod, *Portraits et Souvenirs*, 1897, p. 34.

la préface apparaissent déjà quelques-unes des intentions maîtresses de sa vie : retrouver dans l'histoire, à travers les faits, les luttes éternelles des idées et des principes, le retour périodique des mêmes puissances, fatales ou libres. C'était ce que l'italien Vico avait voulu faire; l'œuvre de Michelet est née en partie de la sienne. Vers la même date, Quinet traduisait les *Idées sur la philosophie de l'histoire de l'humanité*, de Herder[1]; dans sa préface, comme Michelet dans la sienne, il demandait à l'histoire non pas le récit d'un drame ou la connaissance d'une époque, mais « les lois éternelles du règne des actions humaines[2] ».

Presque en même temps que son *Vico*, en 1827, parut, de Michelet, un *Précis de l'Histoire moderne*. C'est un simple manuel à l'usage des collèges royaux et de l'École Préparatoire (École Normale). Qu'on l'étudie de près cependant; ce livre de classe marque, dans la vie de Michelet et dans les destinées de notre enseignement, une date importante. Il enseignait alors, à l'École, à la fois l'histoire et la philosophie.

Ce petit livre a chassé ou fait mépriser, dans les écoles, ces abominables *tableaux chronologiques et synchroniques*, qui exaspéraient Thierry et qui dataient presque tous de l'ancien régime[3]. Michelet donnait un récit continu, avec seulement les dates essentielles ; la narration était vivante, imagée. En note, il citait les ouvrages étrangers qu'il avait consultés, italiens, anglais, espagnols même. Souvent, il intercalait des citations d'auteurs originaux, des pages mêmes de Luther. Tout cela était nouveau, presque une révolution en matière d'enseignement. Comme Thierry révélait les vieux chroniqueurs au public des journaux, Michelet révélait à celui des écoles les paroles des réformateurs protestants. Songeons que de 1827 à 1848 la jeunesse apprit l'histoire dans ce livre. J'ai sous les yeux quelques-uns des exemplaires du volume de Michelet : que de noms d'écrivains futurs sur la garde des premières pages, Jules Simon, Fustel de Coulanges, Chéruel, Dareste, Geffroy.

---

1. Traduction publiée en 1834.

2. La traduction de Quinet était dédiée à Creuzer, dont la *Symbolique et la mythologie des peuples anciens*, traduite et développée par Guigniaut (depuis 1825), devait fortement accélérer le mouvement d'idées marqué alors par la lecture de Herder.

3. Et qui, hélas ! ont encore leurs héritiers. Michelet lui-même a fait de ces *tableaux* (1825 et 1826).

Dans l'avant-propos, Michelet laissait échapper quelques paroles fort expressives :

Il voulait, disait-il, « laisser dans la mémoire des élèves une empreinte durable de l'histoire moderne ». Pour cela, il lui fallait « marquer dans une division large et simple l'unité dramatique de l'histoire des derniers siècles ». Les idées, il devait « les représenter, non par des expressions abstraites, mais par des faits caractéristiques, qui pussent saisir de jeunes imaginations ». Ces faits devaient être « peu nombreux, mais assez bien choisis pour servir de symboles à tous les autres ». Et l'ensemble présenterait ainsi « à l'enfant une suite d'images, à l'homme vieux une chaîne d'idées ».

Il y a, dans ces lignes qui passèrent peut-être inaperçues, les trois principes de la méthode avec laquelle Michelet composera toutes ses œuvres, l'*unité dramatique* de l'histoire, l'idée présentée sous forme d'*image*, et le fait sous forme de *symbole*.

En 1828, il visita l'Allemagne, qui était alors dans l'ardente vitalité de sa philosophie et la pleine conscience de son patriotisme national. Plus que la France peut-être, l'Allemagne avait le sentiment et le patriotisme de ce qu'elle appelait son « génie ». Et en outre, plus que la France encore, elle savait regarder au delà des frontières, et « communier avec le génie des autres peuples » : Niebuhr avait été romain dans son *Histoire Romaine* (1811); Herder avait lancé ses *Idées sur la Philosophie de l'histoire de l'humanité* (1784). La philosophie en Allemagne pénétrait l'histoire, y cherchait l'application de ses principes, le mouvement de ses idées, l'éternité de ses symboles. Michelet retrouvait là-bas l'écho de ses propres sentiments : Quinet, qui devait être son ami et son compagnon de lutte, subissait la même attraction.

L'apparition du livre de Jacob Grimm sur les *Antiquités du droit allemand* (en 1828) compléta et arrêta les impressions de Michelet. Ce livre acheva, comme les chroniqueurs francs pour Thierry, de lui révéler ses destinées historiques :

« Jamais livre n'éclaira plus subitement, plus profondément une science. Il n'y avait là ni confusion, ni doute. Ce n'était pas un système plus ou moins ingénieux. Nous entendîmes dans ce livre, non les hypothèses d'un homme, mais la vive voix de l'antiquité elle-même. Ce livre a une valeur immense en lui-même, comme révélation de la poésie juridique d'un peuple, une plus grande encore comme terme de comparaison avec celle de tous les peuples. Une science nouvelle, indiquée par Vico, est devenue possible : la symbolique du droit ! [1] »

Dans le livre de Grimm encore, Michelet aperçut l'âme de l'Allemagne, et les impressions qu'il reçut fixèrent les images que faisait naître en lui le voyage de 1828 :

> « Nulle part le droit ne s'est plus richement épanoui en formules juridiques : capricieuse végétation et luxuriante, à désespérer l'analyse. Vous compteriez tout aussi bien les feuilles bruissantes dans les chênes de la Forêt-Noire [2]. »

Ce que Michelet a éprouvé en rêvant à l'Allemagne — la sensation du « génie » d'un peuple, la vue d'une nation qui « travaille sur elle-même [3] », l'harmonie qui existe entre la terre et l'homme, entre les aspects du sol et la forme des institutions, — tout cela, lorsque deux ans plus tard la France « lui sera révélée », il le cherchera dans l'histoire de sa patrie.

L'esprit de Michelet fut donc surtout formé par la philosophie et par l'Allemagne : l'œuvre de Guizot et celle de Thierry sont surtout nées de la politique et des intérêts de la France contemporaine. Et il arrivera par là, naturellement et en dépit de l'apparence, que l'œuvre de Michelet sera plus complète et plus française que celle de ses prédécesseurs. Hommes de parti, ceux-ci s'intéressent plutôt à un groupe d'hommes, les vaincus (Thierry), aux institutions (Guizot), à une époque donnée (la Révolution : Thiers et Mignet). Homme d'idées, Michelet conçoit une nation : quand il s'occupera de la France, il verra la France « intégrale », ses forêts et ses fleuves, son peuple et ses grands hommes, ses arts et sa politique, son génie éternel dans ses paysages variés et ses diverses révolutions.

7° DOCUMENTS ET MUSÉES

Tous les recueils de documents qui parurent ces quinze années répondent à ce même désir de « retrouver la vie du passé » : assez peu de chartes et de lois, mais beaucoup de

---

1. Michelet, *Origines du Droit,* p. III.

2. *Ibidem*, p. LXXX.
3. *Ibidem*, p. LXXXVI.

chroniques et de mémoires : les deux collections de Guizot, celle
de Petitot (depuis 1818) ; des recueils de poésies et de chants
populaires : de Raynouard, les *Choix de poésies originales des
troubadours* (1816 et s.), de Fauriel, *les Chants populaires
de la Grèce moderne* (1824-1825). L'épigraphie romaine, qui
commençait à passionner l'Allemagne, nous serait demeurée
étrangère, sans les mémoires de Letronne sur l'Égypte im-
périale ; par une réaction toute naturelle, la Restauration est
une des époques (en dépit des consciencieux travaux de
Naudet) où la France a le moins étudié l'antiquité romaine
et nous n'avons jamais regagné l'avance que nous laissions
prendre alors par nos rivaux. Letronne et Raoul Rochette
maintenaient en revanche le goût de l'antiquité grecque ; mais
déjà l'Allemagne nous avait atteints et dépassés : car ces années sont les plus belles de l'activité scientifique de Bœckh.
Nous conservions une prépondérance incontestable en numismatique ancienne, grâce aux grands répertoires de Mionnet[1].

L'État se désintéressait peut-être un peu trop de ce mouvement ; toutes les recherches sur le passé de la France sem-
blaient l'inquiéter. Il fonda l'École des Chartes (1816), mais
l'idée première en appartient à Napoléon, qui rêvait de « bénédictins laïques travaillant dans une espèce de Port-Royal ».
Par contre, il suspendit (de 1822 à 1828) le cours de Guizot, et
supprima, vers le même temps, l'École Normale. Il subven-
tionnait plus volontiers les études orientales : là, croyait-il,
point de danger pour lui. Surtout, il constituait le Louvre :
fondation, en 1828-1830, de la galerie des objets d'art du
moyen âge et de la Renaissance ; en 1824, de la galerie de
sculpture des mêmes époques ; en 1827, de la galerie égyptienne ; en 1821, la Vénus de Milo entrait au Louvre. Mais les
ennemis du régime bourbonien lui en savaient peu de gré,
songeant seulement à ce que le Louvre avait été sous l'Empire,
enrichi des chefs-d'œuvre de l'Europe entière. Puis, en 1816,
le gouvernement avait lamentablement dispersé le Musée des
Monuments français, qu'un demi-siècle d'efforts n'a pu parvenir à reconstituer dans les thermes romains de Cluny[2].

----

1. Commencés en 1806. Mionnet   2. Le Musée des Thermes est
est mort en 1842.   en germe dès 1819-1820. Cf. ici,

8° HISTORIENS DE LA LITTÉRATURE ET DE LA PHILOSOPHIE
L'ORIENTALISME. RÉSUMÉ

Il n'y eut jamais dans notre pays une plus riche poussée de travail littéraire que dans ces dix années de la Restauration : l'année 1821 est peut-être celle où la France a le plus produit de livres historiques; puis viennent les noms célèbres, Guizot en 1823, Thiers en 1823, Mignet en 1824, Barante en 1824, Thierry en 1825, chaque année amenant sa grande œuvre. En même temps que l'histoire politique, l'histoire de la littérature ou de la philosophie s'affranchissait de la tradition classique de La Harpe ou de Laromiguière : celle-là avec Villemain et Sainte-Beuve, celle-ci avec Cousin.

De 1828 à 1830, les cours que firent, à la Sorbonne, Guizot, Cousin, Villemain, furent des événements politiques et littéraires. Ils attirèrent une affluence d'auteurs « dont le souvenir », dit Thierry, « est presque fabuleux[1] ». C'était une école à la fois de science et de libéralisme :

« Des souffles divers portaient le même mouvement dans les esprits », dit Guizot à ce sujet dans ses *Mémoires*[2]. « Nous avions à cœur de les animer sans les agiter. Nous pensions librement et tout haut sur les grands intérêts, les grands souvenirs et les grandes espérances de l'homme et des sociétés humaines, ne nous souciant que de propager nos idées, point indifférents sur leurs résultats possibles, mais point impatients de les atteindre, heureux du mouvement intellectuel au centre duquel nous vivions, et confiants dans l'empire de la vérité que nous nous flattions de posséder. »

Cousin a sa place marquée dans le mouvement historique : non pas seulement à cause des aimables livres qu'il consacra sur le tard aux femmes du XVII° siècle, mais aussi parce qu'il essaya de faire, en 1828, la théorie de la méthode et de la philosophie historiques : avec quelle légèreté de connaissances,

p. 97. De ce temps sont les premiers travaux de Caumont à Caen (1824) et le célèbre recueil de Seroux d'Agincourt sur *l'Histoire de l'Art* (1815 et suiv.). A certains égards, les antiquités de la France étaient alors plus étudiées en province qu'à Paris même. Il y aurait une étude à faire sur la décentralisation scientifique pendant la Restauration et sous l'influence du romantisme; cf. ici, p. 41.

1. *Considérations*, chap. IV
2. Chapitre VII.

quelle assurance d'expression, quelle ignorance du travail érudit, à peine est-il besoin de le dire. Pourtant, il y a encore beaucoup à prendre dans ses leçons sur la *philosophie de l'histoire*[1] : de larges vues, des idées séduisantes, les réminiscences non déguisées de Herder et de l'Allemagne, et le souvenir de l'incontestable impression qu'elles firent sur Michelet.

Un autre théoricien de l'histoire était alors l'excellent Daunou, polygraphe à la fois superficiel et consciencieux, rédacteur omniscient du *Journal des Savants*, professeur au Collège de France[2], maître fort écouté, à la méthode excellente, si on en croit Thierry, et auquel on pardonnera beaucoup de jugements rapides et de théories surannées en faveur de cet excellent témoignage et de son ardent amour pour l'histoire.

Aux mêmes années, cette science de l'Orient, où la France et l'Angleterre se sont toujours partagé ou disputé la prééminence, était en des coups d'éclat renouvelée par des Français de génie, Champollion et Burnouf.

Celui-là (né en 1790) s'était, dès la sortie de l'enfance, fait de l'Égypte une seconde patrie ; il l'avait devinée, comprise et conquise sans l'avoir visitée. En 1811, il commence à préparer son livre sur l'*Egypte sous les Pharaons*; puis il s'attaque aux hiéroglyphes, et, le 17 septembre 1822, dans sa *lettre à M. Dacier* sur l'inscription trilingue de Rosette, il montre que les caractères mystérieux y sont la traduction des mots grecs ou démotiques. Ce jour-là, comme on l'a dit souvent, le plus ancien monde était découvert. Les années qui suivirent, Champollion continua sa tâche avec cette ardeur juvénile qui ne le quitta jamais. En décembre 1827, il préside à l'inauguration de la galerie égyptienne du Louvre, qui est à la fois pour lui un temple et un foyer. Mais il n'a point encore vu « la terre promise » de l'Egypte : enfin, l'État lui confie une mission; il débarque à Alexandrie (1828), et ni Moïse à la vue de Canaan, ni Colomb à la vue de San Salvador, n'eurent un tel enthousiasme. Au cours de son voyage, Champollion envoyait des lettres au *Moniteur* ; cet égyptologue impénitent écrivait ses impressions avec la fougue d'un romantique.

Eugène Burnouf (1801-1855), quoique plus jeune, est plus

---

1. Cf. ici, p. xxxii.
2. De 1819 à 1830; publié plus tard sous le titre de *Cours* *d'Etudes historiques*, 1842 et s.
3. *Académie des Inscriptions et Belles-Lettres.*

calme. Celui-ci, c'est l'Inde et la Perse qui l'attirent : il a des précurseurs : ses maîtres immédiats, Abel Rémusat et Silvestre de Sacy; et au delà, le promoteur des études asiatiques, Anquetil-Duperron (mort en 1805); ce dernier, frère de l'historien, fut un homme incroyable, d'une verve diabolique, passant toute sa vie au milieu des manuscrits et des souvenirs de l'Asie, traduisant l'Avesta, le vivant même, gymnosophiste farouche dans le Paris du Directoire et du Consulat. Burnouf reprend l'œuvre incohérente d'Anquetil. En 1826, il découvre, avec Lassen, le pâli; en 1830, il publie enfin, correctement, le premier texte zend. Cette fois, la science de la Perse est chose française : elle le demeurera. Burnouf avait à peine trente ans.

Que ces deux grands noms ne fassent cependant pas oublier les deux fondateurs[1], ou plutôt les deux organisateurs de la science asiatique en France, Abel Rémusat et Silvestre de Sacy[2] : ils créèrent la Société asiatique (1821) et le *Journal asiatique* (15 juillet 1822), la plus ancienne des publications de ce genre dans le monde. Leurs articles, multipliés à l'infini dans le *Journal des Savants*, pouvaient faire croire au monde érudit que l'Orient absorbait alors toutes les forces scientifiques de la France.

La vieille France, l'Égypte, l'Asie, tous les mondes que l'antiquité grecque et romaine avaient fait oublier, ressuscitaient à la fois : le romantisme de 1820 était, comme, l'humanisme de 1520, une renaissance.

« Le plus beau mouvement d'études sérieuses », dit Thierry[3], « succéda, presque sans intervalle, à l'effervescence révolutionnaire.... En s'appliquant aux recherches studieuses, la jeunesse du parti rejeté loin des affaires y porta toute l'ardeur de ses espérances.... Il y eut pour les lettres une classe d'hommes jeunes et dévoués, dont l'ambition n'avait de chances que par elles; il y eut une passion de renouvellement littéraire associée par l'opinion aux honneurs et à la popularité de l'opposition politique. Le professorat s'éleva au rang de puissance sociale ; il y avait pour lui des ovations et des couronnes civiques ... On avait soif d'apprendre, sur ce passé dont l'ombre semblait encore menaçante, la vérité. tout entière, et de là vinrent, spécialement pour les études historiques, dix années telles que la France n'en avait jamais vu de pareilles. »

1. Il faut rappeler ici les études de Saint-Martin sur l'histoire arménienne.

2. Voyez la notice publiée par M. Derembourg (oct. 1895).

3. *Considérations*, chap. IV.

III

1830-1848

1° ORGANISATION DE LA SCIENCE HISTORIQUE

La révolution de 1830 fut considérée par les historiens comme leur victoire. Les Francs et les Gaulois de Thierry, les deux races que la conquête avait opposées, se réconciliaient enfin, dirent les vainqueurs des Trois Glorieuses. Ces institutions dont Guizot suivait l'antagonisme depuis la chute de l'empire romain, les institutions libres, aristocratiques et monarchiques, se combinaient harmonieusement dans le gouvernement de Juillet. Comme ces communes dont Thierry refaisait l'histoire, la France avait imposé sa loi à l'autorité seigneuriale. Mignet et Thiers avaient déclaré que la Révolution n'avait pas achevé son œuvre : elle avait transformé la société, elle n'avait pas fondé la liberté; 1830 la fondait enfin. Les Trois Journées étaient la conclusion nécessaire de l'histoire de France. Il n'y avait plus de races, il n'y avait plus de principes ennemis. On ne connaissait plus que des Français et « le roi des Français ». En ces jours lumineux, Michelet aperçut enfin « une nation » ; il vit la France[1].

Les historiens, qui avaient aidé au triomphe, eurent leur part du profit. Le gouvernement de Louis-Philippe les appela au pouvoir : Thiers, Villemain, Cousin, Guizot furent ministres; Barante fut ambassadeur : Guizot, de 1840 à 1848, fut le véritable souverain du royaume. La politique les enleva à l'histoire. Thiers ne reprit qu'en 1840 la suite de la *Révolution*; Guizot ne devait pas achever sa *Civilisation*, et il suspendit pendant trente ans son *Histoire de la Révolution d'Angleterre*.

Arrivés au pouvoir, ces hommes n'oublièrent pas les sciences historiques qui avaient fait leur force : leur plus cher désir fut de leur trouver des adeptes, de leur fournir les moyens de

---

1. Cf. page 312, et, pour Thierry, page 95

grandir, et de leur assurer une efficace protection. Le gouvernement de Juillet, en particulier sous les ministères de Villemain, de Salvandy et de Guizot, a été le véritable organisateur, en France, de la science historique[1].

Il l'a organisée avec méthode, habileté, esprit de suite, et ce qu'il n'a pu faire, il n'a pas empêché l'initiative particulière de l'exécuter. L'histoire devint, comme disait Thierry, une « institution nationale ».

1° L'Etat lui assura une première place dans l'enseignement supérieur. De nouvelles chaires sont fondées au Collège de France. De nombreuses Facultés des Lettres sont rétablies en province, et dans chacune d'elles il y a une chaire d'histoire. A Caen, Caumont professe (depuis 1830), sous les auspices de la Société des Antiquaires de Normandie, un « cours d'antiquités monumentales », et grâce à lui « l'enseignement de nos arts était né[2] ».

2° Des Ecoles spéciales sont développées pour former la jeunesse aux méthodes de travail et de recherches : l'Ecole des Langues Orientales à Paris est réorganisée[3], et, à Athènes, l'École française est fondée (1846) : par ce coup hardi, la France s'emparera bientôt, en Grèce, de la direction des études historiques[4]. L'École des Chartes, remaniée en 1847, reçoit pour professeur d'archéologie nationale Jules Quicherat.

3° Il ne suffit pas aux historiens de s'instruire ou d'enseigner. Il leur faut aussi des moyens pour faire connaître leurs recherches. Au xviiie siècle, ils avaient les inépuisables ressources des Ordres religieux, les libéralités intéressées des intendants et des fermiers généraux. Sous la Restauration, la librairie avait été fort généreuse, un peu imprudente; le nombre d'ouvrages scientifiques qui furent alors lancés « par livraisons », chez les Didot ou chez Treuttel et Wurtz, nous étonne même aujourd'hui : mais elle avait le droit de se lasser. Le gouvernement pensa qu'il devait être le tuteur naturel des publications savantes. Guizot fit commencer, en 1835, le grand

---

1. Sur ce qui a été fait de 1830 à 1848 pour les monuments de la France, cf. Courajod, *Revue historique*, XXX, 1886, p. 116 et s.

2. Courajod, p. 117.

3. Fondée en 1795, réorganisée en 1838. Voy. les publications qu'elle a faites pour son Centenaire (1895).

4. Cf. Radet, *l'Histoire et l'œuvre de l'Ecole française d'Athènes*, 1898.

recueil des *Documents inédits relatifs à l'histoire de France*[1]. C'est là que Mignet publie les *Négociations relatives à la succession d'Espagne* (1835[2]), Michelet, *le Procès des Templiers* (1841), Thierry, *les Documents relatifs à l'Histoire du Tiers État* (1850 et s.[3]), Quicherat, *le Procès de Jeanne d'Arc* (1841-1845), Beugnot, *les Olim* (1839-1848) et *les Assises de Jérusalem* (1841-1843), et Guérard enfin (1797-1854), ces *Polyptyques* et ces *Cartulaires* du moyen âge, accompagnés de préfaces qui sont des modèles de précision et de sagacité. — A côté de l'Etat, des compagnies ou des librairies scientifiques rivalisent d'activité. A ses deux grandes publications d'histoire politique et littéraire, l'Académie des Inscriptions et Belles-Lettres ajoute son *Recueil des Historiens des Croisades* (depuis 1841), et Pardessus reprend sous ses auspices la collection des *Diplomata*[4]. La Société de l'Histoire de France inaugure, en 1835, sa collection des chroniqueurs et des historiens de notre pays. Les *Archives curieuses de l'Histoire de France* commencent en 1834. L'abbé Migne fonde vers ce temps-là (1833?) cette étonnante imprimerie où tout un personnel de prêtres réimprime les *Patrologies grecque* et *latine*. — Enfin, de grandes collections d'histoire universelle sont annoncées, à l'usage commun des gens du monde et des étudiants : par exemple, l'*Univers pittoresque* de la maison Didot, abordé avec enthousiasme (1835) et terminé hâtivement.

4° Au-dessous du gros livre et du recueil de documents, il y a le mémoire, l'étude, l'article, le document isolé. Ce fut, depuis 1830, une préoccupation générale de former des asiles pour ces articles de courte haleine. Les *Mémoires de l'Institut* et le *Journal des Savants* étaient des sanctuaires fermés. Mais il y eut une floraison inaccoutumée de revues savantes. On eut (depuis 1831) la *Revue des Deux Mondes*, où Thierry donna ses premiers récits mérovingiens (1833). Pour les médiévistes s'ouvrit la *Bibliothèque de l'École des Chartes* (1835); pour les archéologues, classiques ou orientalistes, se fonda la *Revue Archéologique* (1844)[5]; pour les numismates, la *Revue française de Numismatique* (1836). Jusque vers 1870, ces trois

---

1. Cf. ici, p. 98.
2. Cf. ici, p. 261.
3. Cf. ici, p. 102.
4. Cf. ici, p. 97.

5. Ajoutez les *Annales Archéologiques*, 1844 et s., consacrées surtout à l'art français du moyen âge.

derniers recueils devaient être les « nouvelles » attitrées de notre science historique.

5° Comme il publiait les documents de notre histoire, l'État s'efforçait de protéger les monuments de notre art, si souvent menacés depuis un demi-siècle. En 1834 Guizot crée, en 1837 Salvandy développe une Commission des Arts et Monuments, chargée d'inventorier les richesses d'art de la France. En 1837 est fondée, à Paris, la Commission des Monuments Historiques, qui fera réparer aux frais de l'État les monuments « classés »; dans chaque département il y eut une Commission des Monuments et Documents Historiques, qui publia souvent des bulletins. Vitet, puis Mérimée, inspecteurs généraux des monuments historiques, veillèrent à la conservation des vieux édifices français, avec beaucoup de zèle, d'excellents principes d'esthétique moderne, et de vagues notions archéologiques[1]. Enfin, à Paris, en 1845, le Musée des Thermes de Cluny est officiellement reconnu.

6° Hors de France, des missions confiées par le gouvernement permettaient à nos savants de continuer leurs études et d'enrichir notre pays de précieux butins faits sur l'étranger : on a déjà parlé de l'École d'Athènes. L'opposition raillait volontiers ces dépenses. Mais enfin des fouilles et des découvertes comme celles de Botta à Khorsabad (1843) étaient une victoire nationale.

7° En France, des Congrès s'organisaient pour grouper les travailleurs, leur révéler les richesses de leur pays, les soutenir par l'entente commune. L'esprit d'association s'était réveillé dans notre pays depuis 1815 : la science bénéficia de ce réveil presque autant que l'industrie. Elle aussi donna naissance à des organismes sociaux. Les académies de province, rapidement reformées après 1815, augmentèrent en nombre, parlèrent plus haut, et se mirent à enfler leurs mémoires de dissertations historiques (surtout après 1840). La Société de l'Histoire de France se fait brillamment connaître dès 1835. Caumont a fondé en 1830 la Société française d'Archéologie[2], dont les Congrès et le *Bulletin monumental* contribuèrent peut-être plus au salut et à la connaissance des monuments français

---

1. On pardonnera difficilement à Mérimée d'avoir dit : « Le τὸ καλὸν de la sculpture n'existe qu'au centre de la France. » *Revue de Paris*, 15 nov. 1895.

2. Toujours existante.

que les commissions officielles, à organisation compliquée et
à marche laborieuse. L'initiative provinciale, depuis 1815, faisait beaucoup pour la science.

Sous la tutelle du gouvernement, la science historique s'or-
ganisait donc en véritable puissance, avec ses maîtres, ses
écoles, ses missionnaires et ses assises, le cours périodique
de ses journaux et la masse compacte de ses gros recueils.

Remarquons bien ceci : rien de ce qui sert à l'histoire ne
fut négligé dans cette organisation méthodique : les manuscrits, les inscriptions, les médailles, les monuments, tout ce
qu'une nation laisse d'elle fut mis au jour. Ce fut la recherche
« intégrale » du passé.

2° MICHELET[1], « L'HISTOIRE ROMAINE »

L'œuvre de Michelet correspond à ce mouvement.

C'est vers 1828 qu'il commença son premier grand livre,
l'*Histoire romaine* : elle parut en 1831.

En ce temps-là, comme il le disait lui-même, « deux écoles
étaient dominantes, la grisaille et l'enluminure, l'école raison-
neuse et les pastiches de Froissart », celle de Guizot et celle
de Barante. Les idées héritées du xviiie siècle et reprises par
Thierry étaient maîtresses : l'histoire s'explique par la conquête et ses conséquences, et par les luttes des races.

Dans l'*Histoire romaine*, Michelet « marche seul, inexpéri-
menté, mais très riche de faits et d'idées, plein d'un grand
souffle[2] ». C'est lui qui parle ainsi de lui-même.

La race, il en tient compte, mais seulement pour les époques
lointaines : il a eu Niebuhr sous les yeux, et il explique l'ancienne Italie par la prédominance de la race pélasgique :

« Rome est une cité d'origine pélasgo-latine. La tradition qui lui
donne Albe pour métropole, et fait remonter son origine, par Albe et
Lavinium, jusqu'à la grande ville pélasgique de Troie, fut adoptée

-----

1. Voyez Faguet, *XIXe siècle* ; le
livre de Corréard sur *Michelet* (collection Lecène et Oudin), et celui
de Monod, *Renan, Taine, Michelet*,
1894. Le centenaire de Michelet
(1898) a donné lieu à de nombreux
articles et discours sur l'historien.
2. Cf. ici, p. 501 et s. M. Boissier
a étudié ce livre de Michelet, *Revue
des Deux-Mondes*, 1898.

publiquement par le peuple romain, qui reconnut les habitants d'Ilium pour ses parents. Le culte asiatique de Vesta, celui des Pénates, analogues aux Cabires pélasgiques, et représentés, comme Romulus et Rémus, sous la forme de deux jeunes gens, témoignent encore de cette origine[1]. »

Mais, une fois Rome fondée, Michelet abandonne cette question de races. Il a devant lui une nation, avec un génie déterminé, et cette nation se fait d'elle-même, « va se créant de son énergie propre, s'engendrant de son âme et de ses actes incessants ». On reconnaît là l'élève de Vico, de Herder et de l'Allemagne régénérée.

Dans cette nation, deux choses préoccupent d'abord Michelet : le sol où elle a vécu, le droit dont elle a vécu ; ses premiers chapitres sont consacrés à une description du Latium et de l'Italie, à un examen des formules des Douze Tables. Voilà qui était nouveau en ce temps-là, en France du moins : dans aucun des livres dont nous avons parlé, il n'était question de la configuration du sol[2], dans aucun non plus, des formules et des principes juridiques. C'est que Michelet retrouve, dans la nation, l'image morale de sa demeure et de son sol, et, dans son droit, l'expression symbolique de son âme. Notez que Michelet, pour faire son livre, a visité la péninsule : à chaque fois que l'histoire romaine se déplace en Italie, il ajoute une description nouvelle. La guerre samnite éclate, et avant de conduire les légions en Campanie, Michelet décrit le pays, comme il l'a vu.

Dans le récit qui se termine à la mort de César, même abstraction de la question de race, même emploi parallèle de la terre et du symbole. La guerre du Samnium n'est point la lutte entre deux races, mais celle « de la cité contre la tribu, de la plaine contre la montagne ». Le symbolisme mythologique de Grimm et de Creuzer est complété chez Michelet par un symbolisme historique.

Comme « du fatalisme des races », Michelet se défie « du fatalisme des grands hommes », dont Thiers et Mignet, et peut-être même Guizot, avaient abusé. Il les ramène volontiers

___

1. On ne saurait faire trop de réserves au sujet de ces vagues et rapides assertions.

2. Sauf le premier livre de Daru sur Venise et les leçons de Cousin. Cf. p. xxxii. En cela encore, on peut noter l'influence de Herder, cf. p. xxxii, n. 1.

à n'être que des symboles d'un temps, d'une idée, d'une institution. César est « l'homme de l'humanité »; Caton l'Ancien
est « le vieux génie italien ». — Ici Michelet aurait pu prendre
garde. Que les grands hommes soient la conséquence fatale
d'une révolution, ou qu'ils soient le symbole vivant d'un peuple
ou d'une idée, leur force est la même, et il faut également
s'incliner devant eux.

L'*Histoire Romaine* de Michelet manque trop de cette analyse critique des documents, qui était d'ailleurs étrangère aux
écrivains de cette génération, et qui est nécessaire surtout à
l'histoire de l'antiquité. La véritable histoire de l'antiquité
repose en partie sur des subtilités de critique et des arguties
de texte, et Michelet procédait par belles envolées d'images.

Et cependant, il y a dans ce livre toute la matière de l'histoire : Michelet a lu les textes et de droit et de littérature ; il
connaît les inscriptions et les médailles ; il a vu le pays,
examiné ses conditions agricoles ; il a fait des études sur la
langue latine : il a cherché des points de comparaison avec
les autres peuples ; il a recouru au procédé de l'analogie. Il s'est
servi des lois qu'Abel Rémusat avait trouvées pour les langues
tartares. Que nous sommes loin de Thierry, qui ne connaît que
le chroniqueur ; de Guizot même, qui s'attache surtout à l'imprimé ! Ici tout est matériaux pour l'histoire ; tout est histoire,
le sol, la pierre gravée, la langue parlée.

3° MICHELET, L'HISTOIRE DE FRANCE [1]

De 1833 à 1844, Michelet donna les six premiers volumes de
son *Histoire de France*, allant des origines à la mort de
Louis XI. On sera vite frappé de l'absolue similitude qui
existe entre la méthode de cette œuvre et celle de la précédente.

L'objet de Michelet est la *résurrection de la vie intégrale*
du passé — répétons encore ce mot *intégral*, puisque
Michelet y tenait. Il le dit nettement dès sa préface de 1833 [2] :

1. En 1831, de Michelet, *l'Introduction à l'Histoire universelle;*
en 1833, le *Précis de l'Histoire de
France.*

2. Voyez ici, p. 312 et suiv., de
quelle manière Michelet, dans sa
préface de 1869, caractérisa lui-
même son œuvre. Il l'a jugée sans

le sol et les hommes, le peuple et les chefs, les événements, les institutions et les croyances, il ne négligera rien. Voltaire avait, dans son *Siècle de Louis XIV*, donné de l'histoire une formule presque semblable. Mais chez Voltaire, l'étude des institutions et des beaux-arts ne fait que compléter un tableau : ce sont des chapitres qui viennent s'ajouter à d'autres chapitres ; chez Michelet, au contraire, il faut que « l'histoire politique soit éclaircie par l'histoire intérieure, celle de la philosophie et de la religion, du droit et de la littérature ». De ces éléments divers naîtra une seule et même idée ; la vue du sol et le récit des faits, la lecture des grandes œuvres et la vie des grands hommes produiront la même impression ; l'étude dans l'espace et l'étude dans le temps amèneront à la même conclusion. Comme l'examen de la physionomie, des facultés et de la conduite d'un homme permet de connaître et de juger son âme, de la même manière il faudra retrouver le génie de la nation ou l'esprit d'une époque :

« Ce n'est pas moins », disait Michelet en annonçant son livre en 1833, « qu'une formule de la France, considérée d'une part dans sa diversité de races et de provinces, dans son extension géographique, d'autre part dans son développement chronologique, dans l'unité croissante du drame national. C'est un tissu dont la trame est l'espace et la matière, dont la chaîne est le temps et la pensée. »

Pour arriver à « cet idéal », Michelet combine les méthodes des deux écoles qui l'ont précédé[1]. De l'école narrative, il tient le goût des beaux *récits*, vivants, imagés, colorés à la couleur du temps. Aux *systèmes* de l'école philosophique, il emprunte ses études sur le gouvernement, sur l'état social, sur les questions religieuses. Mais il a mêlé ces deux méthodes de manière à ce que la fusion soit complète. — Car, dans le récit, il rattache le fait local et temporaire, bataille ou construction d'église, à un principe permanent qui dirige les actions humaines, à l'idée éternelle pour laquelle on combat. La vie

---

fausse modestie, mais avec une profonde vérité. A la rigueur, cette préface aurait pu nous dispenser d'en parler ici à notre tour. Toutefois Michelet apportait, en 1869, dans ses théories sur l'histoire, plus de précision qu'il n'en avait sans doute en 1833.

1. Cf. ici page 313. Et préface de 1833 : « Ce livre est *un récit* et *un système*. » Par là il indique bien qu'il a voulu réunir les deux écoles.

batailleuse des Liégeois est le résultat du « principe d'action, qui veut qu'on ne cesse un moment de produire sans détruire[1] »; la Renaissance est « la réconciliation du beau et du vrai[2] ». — Dans l'examen des institutions, Michelet retrouvera de même les passions ou les espérances de la vie humaine. La formation de la féodalité, c'est « le triomphe de la matière, qui s'en va et se dissipe vers les quatre vents du monde[3] »; l'or, c'est « la richesse subtilisée[4] ». — Ainsi, l'histoire de France sera la lutte, dans l'âme d'une nation, de forces vitales et de principes éternels. J'ai embrassé la France, disait Michelet, « dans l'unité vivante des éléments naturels qui l'ont constituée. Le premier, je la vis comme une âme[5] ». Augustin Thierry, en voyant ainsi ses beaux récits concrets et humains se transformer en luttes de symboles, s'indigna contre cette nouvelle manière de présenter l'histoire : c'est, disait-il, une pure lutte d'esprits, *une perpétuelle psycho-machie*[6]. Prenons le mot en bonne part, et nous pourrons l'accepter pour vrai.

D'autant plus vrai qu'au-dessous des forces en lutte, Michelet, du moins dans les six premiers volumes de son *Histoire de France*, a bien vu et bien jugé les hommes, les faits et les monuments, et qu'il les a jugés d'après les sources, très minutieusement étudiées. Il a fait, du XIIIe au XVe siècle, un emploi constant et judicieux des documents originaux, et en partie de textes inédits. Rappelons-nous que ces volumes ont été faits dans les Archives du Royaume; Michelet y était employé; il a classé des inventaires, il a publié des procès-verbaux. Les Archives ont été « le paisible théâtre de ses travaux[7] »; c'est « le lieu qui les a inspirés ». Ni Thierry à cette date ni Guizot dans sa *Civilisation* n'ont eu grand souci de l'inédit[8]. Michelet eut le désir obsédant de demander à l'inconnu la source d'une connaissance nouvelle. Ce n'est pas en vain qu'il avait passé à l'école de Niebuhr et des maîtres allemands; il a voulu, comme eux, être un découvreur de textes.

Cela donne à ses volumes sur la fin du moyen âge, outre leur charme littéraire et leur portée philosophique, de

1. Ici, p. 356.
2. Ici, p. 366.
3. Cf. ici, p. 334.
4. Cf. ici, p. 343.

5. Cf. ici, p. 313.
6. Cf. ici, p. 99.
7. Tome II, p. 699.
8. Cf. ici, p. 318.

solides assises d'érudition. Ses études sur l'art gothique[1] reposent sur de très consciencieuses recherches, que les archéologues des cathédrales et les Antiquaires de Normandie lui ont aidé à faire, et qu'il complétera plus tard à l'aide des renseignements oraux fournis par Quicherat. Son livre sur Louis XI, le plus détaillé de tous, sera peut-être le morceau le plus durable de son Histoire : il y a là une connaissance très approfondie des sources, un sage emploi des documents, une fort juste appréciation du règne et du personnage, toutes choses qui étaient fort malaisées dans l'état de la science en 1844.

De cette manière d'envisager l'histoire devaient résulter un plan et des théories fort opposées à celles de ses prédécesseurs. Le premier volume est une sorte de préface : c'est la France d'avant la fusion des races (jusque vers l'an mille). Les races, Michelet les accepte encore pour ces temps reculés ; il garde, dans ce volume, l'influence de Thierry et de ce *fatalisme* ethnographique contre lequel il s'insurgera plus tard : peu ou point de recours au symbolisme, beaucoup de récits et des portraits[2]. — Mais au second volume, assez brusquement, l'action de la race a disparu : dès après la dissolution carolingienne, il n'y a qu'une nation prenant conscience d'elle-même, une France, *personne* ayant une *âme* : « La France est le pays du monde où la personnalité nationale se rapproche le plus de la personnalité individuelle[3]. »

Aussi est-ce à ce second volume que commence véritablement l'*Histoire de France* de Michelet. Il voit enfin le *corps* de la patrie avant d'assister à la naissance de son *génie*. Ce corps et ces membres, c'est le sol et ce sont les provinces, dont l'historien fait la description au début de ce second volume. On connaît le « tableau de la France », qui est peut-être le chef-d'œuvre de Michelet[4], et n'oublions pas que pour le tracer il vit et revit le pays.

La géographie, avons-nous déjà remarqué, ne tient aucune place dans les œuvres de Guizot et de Thierry. Michelet a, le premier en France, affirmé hautement que « les divisions

---

1. Fin du t. II, 1ʳᵉ édit.
2. Je ne serais pas étonné que ce volume ait été écrit en grande partie avant 1830 et avant l'*Histoire romaine* même.
3. Tome II, p. 127.
4. Nous en donnons le principal fragment, p. 321 et s.

politiques répondent aux divisions physiques », que les
hommes et les événements sont « les fruits des diverses
contrées ». — C'était, dans l'histoire de France, une révolution ; d'autres l'ont préparée, mais c'est bien Michelet qui
l'a faite.

Chacune des provinces de la France, continue-t-il, a son rôle,
son génie, son action, comme chaque organe a sa fonction.
Voilà encore, à mon sens, une autre révolution faite en histoire
par Michelet. Avant lui, d'autres historiens de la France, Thierry
surtout, avaient parlé de la province[1] : Michelet est le premier
qui ait essayé, tout en faisant l'histoire générale du pays, de
faire l'histoire particulière de ses provinces et de ses villes.
Il a eu cet inoubliable mérite, à la fois de rattacher les destinées de la France à celles de l'humanité, et de retrouver
la vie municipale dans la vie nationale. Quand il voyageait en
France, une de ses vives curiosités était de chercher comment les villes s'étaient formées, les causes qui expliquaient
leur topographie et leur rôle social. De tous nos historiens,
Michelet a été, si l'on peut dire, le moins dynastique et le
moins centralisateur.

Sous quelles influences maintenant la France va-t-elle
grandir ? Les races ? il n'en est plus question ; les grands
hommes ? ils ne sont que les porte-paroles de leur temps et
de leur nation. La France se transformera sous les mêmes
influences inconnues et complexes qui transforment l'individu :
le travail que le peuple fait sur lui-même, souffrant et luttant,
lisant et pensant, explique comment les institutions et les
religions changent et périssent ; à ce travail, les conquêtes ne
touchent qu'à peine, les races ne le modifient point, les grands
hommes sont impuissants devant lui. *Le peuple est son
propre Prométhée*[2].

« Races sur races, peuples sur peuples ; Galls, Kymry, Bolg,
d'autre part Ibères, d'autres encore, Grecs, Romains ; les Germains
viennent les derniers. Cela dit, a-t-on dit la France ? presque tout est
à dire encore. La France s'est faite elle-même de ces éléments dont
tout autre mélange pouvait résulter. Les mêmes principes chimiques
composent l'huile et le sucre. Les principes donnés, tout n'est pas
donné ; reste le mystère de l'existence propre et spéciale. Combien

1. Cf. ici, p. 41.　　　　　　　|　　2. Cf. ici, p. 318.

plus doit-on en tenir compte, quand il s'agit d'un mélange vivant et actif, comme une nation ; d'un mélange susceptible de se travailler, de se modifier? Ce travail, ces modifications successives, par lesquels notre patrie va se transformant, c'est le sujet de l'histoire de France.

« Ne nous exagérons donc ni l'élément primitif du génie celtique, ni les additions étrangères. Les Celtes y ont fait sans doute, Rome aussi, la Grèce aussi, les Germains encore. Mais qui a uni, fondu, dénaturé ces éléments, qui les a transmués, transfigurés, qui en a fait un corps, qui en a tiré notre France? La France elle-même, par ce travail intérieur, par ce mystérieux enfantement mêlé de nécessité et de liberté, dont l'histoire doit rendre compte. »

Michelet, par là, recule évidemment la solution des problèmes historiques. Mais qui niera qu'en réalité ils ne soient insolubles et que l'histoire, trop souvent, ne déplace les questions au lieu de les résoudre? Pourquoi le monde s'est-il au ive siècle converti au christianisme? besoin de croire, diront les uns, action des grands évangélistes, diront les autres : cela ne suffit pas à nous expliquer cet irrésistible courant qui transforma en quelques générations la foi de l'univers. Et il faut en revenir à l'expression de Michelet : l'invisible travail de la société sur elle-même. Au fond, en présentant cette formule, Michelet ne fait qu'avouer son impuissance ; mais aussi il écarte par là les doctrines, tout autrement dangereuses, de l'influence des races, de la perpétuité des conquêtes, et de l'action providentielle des grands hommes.

La méthode historique de Michelet a enfin déterminé son style. Il est banal de dire que de tous nos historiens, c'est l'écrivain le plus brillant, le plus pittoresque, le plus imagé. Mais il importe de dire pourquoi il l'a été.

D'abord, Michelet a toujours eu la vision concrète des événements : il a vu les hommes, les foules, les pays et les batailles. L'ayant vue, c'est une humanité vivante et mouvante qu'il met sous nos yeux. Avant de parler de la Bretagne, il l'a visitée. Voir et ressusciter sont chez lui deux actes identiques.

Non seulement il a vu les choses ; mais, pour qu'on les voie mieux après lui, il les transforme en êtres vivants : de la foule, il fait un individu ; de la rivière, de la ville, de la province et de la France, une personne qui veut. Plus encore, il entend les vieux papiers des Archives, et il leur répond.

« Je ne tardai pas à m'apercevoir dans le silence apparent de ces galeries », dit Michelet des Archives du Royaume[1], « qu'il y avait un mouvement, un murmure qui n'était pas de la mort. Ces papiers, ces parchemins laissés là depuis longtemps, ne demandaient pas mieux que de revenir au jour. Ces papiers ne sont pas des papiers, mais des vies d'hommes, de provinces, de peuples. D'abord, les familles et les fiefs, blasonnés dans leur poussière, réclamaient contre l'oubli. Les provinces se soulevaient, alléguant qu'à tort la centralisation avait cru les anéantir. Les ordonnances de nos rois prétendaient n'avoir pas été effacées par la multitude des lois modernes. Si on eût voulu les écouter tous, comme disait ce fossoyeur au champ de bataille, il n'y en aurait pas eu un de mort. Tous vivaient et parlaient, ils entouraient l'auteur d'une armée à cent langues que faisait taire rudement la grande voix de la République et de l'Empire.

« Doucement, Messieurs les morts, procédons par ordre, s'il vous plaît.... »

Nul écrivain, sauf Victor Hugo, n'a poussé plus loin cette transformation des choses en personnes. Victor Hugo parle des passions comme Michelet des papiers des Archives :

« Toutes les passions s'envolent avec l'âge,
« L'une emportant son masque et l'autre son couteau... »

L'Histoire de France est, à certains égards, un chef-d'œuvre d'anthropomorphisme historique et littéraire. Mais qu'on ne s'y trompe pas : c'est le procédé du romantisme[2]. Les théories historiques de Michelet cadraient merveilleusement avec les théories littéraires de l'école triomphante.

Enfin, le dernier procédé de Michelet est la conséquence, non plus du romantisme contemporain, mais du symbolisme à la façon allemande. Si l'objet inanimé devient homme, l'homme devient symbole[3]. Pélage est le symbole du génie helléno-celtique. En Jeanne d'Arc apparurent la Vierge et la France. Michelet anime ce qui ne respire pas, idéalise ce qui respire.

---

1. *Histoire de France*, t. II, 1833, p. 703.

2. Nul n'a mieux montré ce caractère romantique de l'œuvre de Michelet que M. Lanson dans son *Histoire de la littérature française* (3ᵉ édition, 1895, p. 1006-1011), livre excellent, et en particulier en ce qui con-cerne la littérature historique.

3. Cf. ici, p. 394. Il est à re-marquer que ce symbolisme existe à peine dans le Iᵉʳ volume, beau-coup moins même que dans l'*His-toire romaine*. Vercingétorix, Charlemagne, sont chez lui de simples figures historiques. Cf. la note 2 de la p. XLIX.

De là, pour ceux qui lisent Michelet, une séduction, une émotion qu'aucun autre livre d'histoire n'a jamais donnée et ne donnera jamais. C'est à la fois la couleur des images et l'intensité de la pensée; et, quand Michelet voit et pense juste c'est l'éclat de lumière de la vérité bienfaisante.

4° THIERRY, LES « RÉCITS MÉROVINGIENS » ET LES « ÉTUDES SUR LE TIERS ÉTAT »

L'initiateur du mouvement historique de 1820, Augustin Thierry, s'affligea, on l'a vu, des procédés de cette nouvelle école « venue d'Allemagne ». L'histoire, écrivait-il avec amertume, « passe du domaine de l'analyse et de l'observation exacte dans celui des hardiesses synthétiques »; « chaque fait est le signe d'une idée », et « le cours des événements humains » est transformé en une « perpétuelle psychomachie[1] ».

Après 1830, Thierry se sentit isolé; ses compagnons de lutte, Guizot et Barante, avaient émigré « vers ces régions » de la politique, « d'où on ne revient guère ». Il ne désespéra pas néanmoins, et pour réagir par son exemple, il publia ses *Récits des Temps Mérovingiens* (1833-1840).

Ces récits sont une réponse à la fois de méthode et de théorie aux premiers livres de Michelet : — de théorie, car Thierry recherche surtout, dans la Gaule du vi^e siècle, l'antagonisme des races :

« Romains et Franks, l'esprit de discipline civile et les instincts violents de la barbarie, voilà le double spectacle et le double sujet d'étude qu'offrent les hommes et les choses au commencement de notre histoire. »

— de méthode, car il montre, en écrivant ces Récits, que la narration seule « ressuscite » une époque :

« La dissertation historique ne suffit plus, le récit doit s'y joindre et suppléer à ce qu'elle a, par sa nature, d'arbitraire et d'incomplet. Je vais tenter, pour le vi^e siècle, de faire succéder au raisonnement sur les choses la vue des choses elles-mêmes, et de présenter en action les hommes, les mœurs et les caractères[2]. »

1. Ici, page 99. | 2. *Considérations*, ch. vi, *in fine*.

Il est bien inutile de louer, après tant d'autres, les grâces
un peu frêles des *Récits*, l'aimable clarté du style, l'émotion
douce et naïve que Thierry ressent et communique. On fera des
réserves sur la valeur historique de nombreux détails : Thierry
ajoute bien souvent au récit de Grégoire de Tours des circonstances qu'il suppose, et qui ont bien pu ne point se présenter[1].
« Chilpéric s'empara du trésor paternel », dit le chroniqueur ;
et Thierry ajoute, sans doute pour montrer par un détail précis
la brutalité des Barbares, « en forçant les gardiens ». Il attribue
aux poésies de Fortunat une trop grande valeur historique ;
volontiers il ajoute au mot Gaulois l'épithète de « tremblant »,
celle de « féroce » au mot Franc : vous les chercheriez en vain
dans les documents[2]. Cette limite entre le roman et l'histoire,
qu'il avait presque atteinte dans la *Conquête*, il l'a, cette fois,
un peu dépassée. Mais si l'historien n'a que de faibles enseignements à tirer du récit même, il trouvera, presque à chaque
page du livre, des réflexions admirablement justes sur la
décadence mérovingienne, la perte en ce temps-là de tout
sens administratif, le déchaînement des forces individuelles.
Le beau livre de Fustel de Coulanges sur le vɪᵉ siècle[3] est en
germe dans les *Récits*.

Quand Thierry réunit ses *Récits* en volume, en 1840, il les
fit précéder de *Considérations sur l'Histoire de France*, où,
pour la première fois, ses théories sur les races et sur l'origine du Tiers Etat étaient exposées en système :

« La masse nationale », en France, « est de filiation gallo-romaine
par le sang, par les lois, par la langue, par les idées. » Quand les
Franks vinrent en Gaule, « l'ordre social romain leur répugnait » ;
« l'habitude du vasselage », d'origine franke, « finit par se rendre
dominante »....

Au xɪɪᵉ siècle, « sur les vieux débris des municipalités romaines »,
une révolution générale se produisit, dont « l'impulsion partit des
cités italiennes ». Le mouvement de liberté communale alla « du midi
au nord ». Au sud de la Gaule se créèrent les *cités consulaires*, renaissance de la tradition romaine. Au nord, l'influence germanique
avait été trop forte : les *communes jurées* se constituèrent autour de
la *ghilde*, la confrérie sacrée d'origine scandinave....

« Toutes les traditions de notre régime administratif sont nées dans

----

1. Cf. ici, p. 60, n. 2.
2. Cf. ici, p. 67 et 69.

3. *Les Transformations de la
Royauté*, livre Iᵉʳ.

les villes, elles y ont existé longtemps avant de passer dans l'État...
L'égalité devant la loi, le gouvernement de la société par elle-même,
l'intervention des citoyens dans toutes les affaires publiques, sont des
règles que pratiquaient et maintenaient énergiquement les grandes
communes.

« Nos institutions présentes se trouvent dans leur histoire et peut-
être nos institutions à venir. »

Cette date de 1840 marque une nouvelle direction dans la
vie d'Augustin Thierry. Désormais il renonce aux narrations
héroïques. Il ne s'attache plus qu'à l'étude analytique des institutions communales ; il s'est promis d'y consacrer ce qui lui
restait de force et d'espérance.

Guizot, en 1836, avait chargé Thierry de diriger la publication de documents inédits sur l'histoire du Tiers Etat. L'admi-
rateur des chroniques populaires est maintenant aux prises avec
les chartes et les diplômes. Il subit, dans la dernière période
de sa vie, l'influence de ces documents froids et précis dont
il s'était autrefois détourné ; il accepte tout aussi volontiers
l'influence de Guizot, devenu son tout-puissant protecteur, et
dans le dernier livre qu'il publia, l'*Essai sur le Tiers Etat*
(1850), on reconnaît sans trop de peine quelques réminiscences
de la *Civilisation*.

Ce sont, çà et là, les mêmes théories, c'est parfois la même
manière abstraite et philosophique de présenter les faits ; c'est
partout le même apaisement scientifique, la même sérénité
d'historien. Les exagérations et la passion de la jeunesse ou de
la politique ont entièrement disparu. Il n'y est plus question
qu'à peine, et au début seulement, de la conquête et de ses
effets. C'est tout au plus s'il les prolonge jusqu'au xe siècle...
L'établissement du régime féodal, dit-il, est « l'époque où
finit dans la Gaule franke la distinction de races ». Par ces
mots, suggérés peut-être par la lecture de Michelet[1], Thierry
désavouait la théorie qui lui avait été la plus chère. Et il est
intéressant de voir que ces études sur le Tiers Etat, abordées
par lui, il y avait trente ans, dans le désir de la justifier, l'ont
amené à la détruire.

Sous sa forme actuelle, ce livre se compose de deux parties.
L'une renferme l'histoire du Tiers État, de la bourgeoisie

1. Cf. ici, p. L.

et des États généraux, depuis l'échec de la révolution communale jusqu'au triomphe de la monarchie absolue. C'est la meilleure partie du livre : c'était alors la plus originale, et elle est demeurée le seul travail d'ensemble que nous possédions sur ce sujet. Du reste, sauf sur quelques points, Thierry a bien vu et bien parlé : la marche ascensionnelle des hommes de la bourgeoisie et le déclin simultané des institutions bourgeoises, la double politique de la royauté, élevant ceux-là pour renverser celles-ci, tout cela est présenté avec précision et clarté, et aussi avec une vie et un mouvement qui rappellent le conteur des temps mérovingiens [1].

L'autre partie, plus lue et plus discutée, traite de la révolution communale.

Le principal morceau de cette partie est le « tableau de l'ancienne France municipale » : c'est un essai de classement géographique des anciennes communes, suivant leur origine ou leur constitution :

« Le fond » de la révolution communale « est le même d'un bout à l'autre de la France actuelle : c'est un désir plus ou moins violent de substituer aux pouvoirs féodaux une magistrature élective ; quant à la forme, elle varie selon les zones du territoire. Au midi s'est propagée de ville en ville une constitution municipale venue d'Italie où les magistrats ont le titre de consuls ; au nord s'est répandue de la même manière une constitution d'origine différente, la commune proprement dite, ou la municipalité organisée par association sous la garantie du serment. Ces deux courants de propagande constitutionnelle ont laissé neutre une zone intermédiaire où l'administration urbaine a conservé ses anciennes formes, soit intactes, soit diversement et faiblement modifiées. »

De toutes les parties de l'œuvre de Thierry sur le Tiers État, celle-là est la plus arbitraire. On semble reconnaître de nos jours que le système communal est loin de présenter des divisions géographiques aussi nettes et aussi compactes : peut-être aussi n'y a-t-il pas de différence essentielle entre le régime consulaire et le régime de la commune jurée, et ces diversités de noms n'entraînent-elles pas nécessairement des oppositions d'origine ou de constitution [2].

1. Cf. ici, p. 110.
2. Voyez par exemple la charte | de Rouen dont l'influence a gagné | jusqu'à Bayonne.

Une autre théorie de l'historien, tout aussi discutée, a plus de chances de pouvoir être réhabilitée. Ce que pense Thierry sur la persistance des municipalités romaines (et au surplus la pensée et les expressions de l'auteur sont beaucoup moins nettes et moins exagérées qu'on ne le lui reproche d'ordinaire), ne peut être ni fermement accepté ni justement rejeté. Les documents font défaut pour ou contre lui. Et d'autre part, tant d'usages, d'habitudes, de noms et de rues ont survécu dans les villes à l'époque romaine, il y a dans tout groupement municipal une telle force de la tradition, une telle identité de la vie, qu'il faut se garder à tout prix de nier, sans texte formel, un lien possible entre le municipe gallo-romain et la commune jurée.

On a enfin fortement combattu la façon dont Thierry a caractérisé la révolution communale[1] : il a prononcé trop souvent, à ce propos, les mots de liberté, d'égalité, de république ; il a négligé de montrer que la commune fut à l'origine une puissance aristocratique et foncière, reposant sur les droits de famille et de propriété, qu'elle ne faisait pas plus de place à la liberté et à la démocratie que la Rome des patriciens ou l'Athènes des eupatrides ; encore moins a-t-il montré comment la commune s'est enveloppée du cadre féodal, militaire et seigneurial, avec ses remparts, son beffroi, ses titres, ses droits et ses symboles. Ces reproches sont justes. Mais, malgré tout, Thierry n'a pas entièrement tort. Si aristocratique que fût la commune, elle introduisait, dans ce monde du gouvernement monarchique par le seigneur, la loi du gouvernement collectif par des hommes égaux entre eux ; ce n'était peut-être pas le principe de liberté, c'était déjà un peu celui d'égalité : égalité restreinte, liberté théorique, mais qui ne devaient point disparaître. Toutes les communes, insensiblement, marchèrent à la démocratie, comme les cités antiques, et ce fut la royauté, comme Rome pour les villes du passé, qui arrêta cette marche. On peut faire la preuve par les textes : il est possible de rattacher, sans de trop longues lacunes, l'idée moderne de république, telle que les Girondins l'ont conçue, à l'idée de commune, telle qu'on l'avait sous Louis VI.

1. Voyez la préface et les premières pages du livre de Luchaire | sur *les Communes françaises*, 1890. Cf. ici, p. 102.

Ne médisons plus de ces dernières études de Thierry. Elles n'ont pas fondé la vérité : elles ont au moins préparé le sol où les premières bases ont été posées.

5° LA PATRIE CELTIQUE : HENRI MARTIN

L'*Histoire de France* d'Henri Martin, contemporaine des travaux de Thierry sur le Tiers État, se rattache directement à ses leçons et à son exemple[1].

Elle marquait un progrès considérable sur celle de Sismondi : le récit est plus vivant, mieux écrit ; l'emphase prudhommesque des réflexions fait sourire, mais n'est pas absolument inutile pour raviver l'intérêt dans cet interminable ouvrage de dix mille pages.

Sur tous ses prédécesseurs, Martin a l'incomparable avantage de traiter longuement, et avec bon sens et méthode, les révolutions artistiques et littéraires. Ce qu'ils n'ont pas fait, il analyse avec assez d'habileté les ordonnances administratives des différents rois. Ce qu'ils ont fait moins encore, il a constamment soin de rattacher l'histoire de France à l'histoire générale de la chrétienté. Ce n'est pas un beau ni un très bon livre : mais, quoi qu'il soit convenu d'en dire du mal, il sera longtemps encore consulté avec profit, et peut-être surtout par ceux qui font profession d'en médire.

Ce qui fait de l'*Histoire de France* un livre, après tout, original et vivant, c'est qu'une seule idée l'inspire de la première à la dernière page : la perpétuité de la race et de l'esprit gaulois. « Le vieux fonds celtique », Martin le retrouve à la fois dans la féodalité, dans les communes, dans les États généraux. Les institutions, les coutumes, les formes sociales ont disparu : le fonds essentiel, la nature de la France n'a pas changé ; « la France nouvelle, l'ancienne France, la Gaule, sont une seule et même personne morale ». — Il y avait dans ce livre

1. Tome Ier sans nom d'auteur et en collaboration avec Paul Lacroix, 1833 (ce n'est qu'une compilation) ; jusqu'au t. IX, par H. Martin seul, mais sans nom d'auteur ; H. Martin signe à partir du t. X. Le t. XVI et dernier en 1834. — Seconde édition, complètement remaniée et refondue, 1838-1854, 19 volumes ; c'est la véritable *Histoire de France* d'Henri Martin. — Troisième édition, remaniée encore, 1855-1860.

la double influence de Thierry et de Michelet. A celui-ci il empruntait « le génie d'une nation », à celui-là « la persistance de la race ». Et de la combinaison de ces deux systèmes, l'un ethnographique, l'autre psychologique, naissait la formule la plus compréhensive, la plus solennelle, la plus patriotique[1] et la moins scientifique de l'histoire de France.

Pour la méthode de composition, Henri Martin se déclare très nettement un « narrateur », simple élève de Thierry : comme lui, il veut « s'effacer derrière les récits contemporains »; comme lui, il aspire à donner à l'histoire « une généreuse sympathie pour les vaincus, pour les proscrits, pour tous les opprimés ». Et dans sa préface, c'est à Thierry qu'il rapporte l'hommage de son livre.

———

6° L'ÉCOLE ET L'INFLUENCE DE THIERRY

Si Thierry ne retrouvait plus à côté de lui ses compagnons de 1820, la nouvelle génération, oubliant volontiers Guizot, trop mêlé aux querelles des partis, voyait en lui « le cher et illustre maître » par excellence. Chateaubriand lui-même s'inspirait de ses écrits : et on pouvait, auprès de Thierry, rencontrer tour à tour « le maître par qui le siècle avait commencé », et celui, peut-être, par lequel on peut dire qu'il a fini, Ernest Renan[2]. Son frère Amédée écrivait, sous son inspiration et suivant ses habitudes, cette *Histoire des Gaulois* (1828), excellente en son temps, et où des vues nouvelles et hardies sur les Galls et les Kimris étaient suivies d'une narration extrêmement bien faite; il la compléta (1840-1842) par son *Histoire de la Gaule sous l'administration romaine*, qui lui est inférieure comme récit et comme critique[3]. Fauriel, le meilleur de ses amis, avait composé l'*Histoire de la Gaule méridionale sous les conquérants germains* (1846), où Thierry retrouvait l'écho de ses doctrines et l'imitation de ses plus chères habitudes. Les études d'histoire locale et provinciale, qu'il avait si fortement encouragées depuis 1817, n'avaient

1. « Celtomanie », dit M. Reinach (cf. p. ix, n. 3) avec infiniment de raison.

2. Renan appelle Thierry son « père spirituel », *Souvenirs* p. 371; *Avenir de la Science*, p. iii.

3. Ajoutez l'*Histoire d'Attila*, 1856, et ses derniers livres sur l'Empire romain.

cessé de prospérer, et dans toutes les villes où on travaillait,
c'était aux conseils, aux leçons, à l'exemple de Thierry qu'on
rapportait la reconnaissance des résultats acquis. Aujourd'hui
encore, c'est de lui, dans certaines villes, que les vieux érudits aiment à dater le renouveau des études locales. Bientôt,
autour de lui, un groupe de jeunes érudits, ardents au travail
et enthousiastes de leur maître, l'aidèrent dans sa tâche, et,
sous sa direction, enrichirent de publications importantes la
Collection des documents inédits, collaborant à son recueil :
Ch. Louandre, le fils de l'historien d'Abbeville, Granier de
Cassagnac, qui publiait son *Histoire des Classes nobles* (1840),
M. Ludovic Lalanne, curieux de toutes choses anciennes et
d'une curiosité jamais déçue, et surtout Bourquelot, le plus
fidèle et le plus cher de tous. Nul historien en France n'avait
encore exercé une telle influence, si complète, si durable, si
bienfaisante.

Ces années (1840-1850), qui marquèrent pour Thierry l'apo-
gée de la gloire, lui apportaient en même temps la monotonie
d'une éternelle souffrance. La cécité était sans remède; la
paralysie s'y était jointe. C'est de son fauteuil qu'il dicta ses
derniers livres. Ses amis et ses élèves demeurèrent toute leur
vie sous l'impression de « ces prodiges de volonté et de persévérance » accomplis par Thierry. Il ne leur laissa pas
seulement des leçons d'histoire, mais, ce qui valait mieux,
l'exemple de la plus ferme vertu.

« Ses écrits », écrivit Renan[1], « resteront comme un monument de
ce que peut la volonté humaine contre des obstacles en apparence
insurmontables, et sa vie aura réalisé le prodige, sans exemple peut-
être, d'une âme forte sachant se passer des sens extérieurs et continuant durant trente années une brillante carrière intellectuelle
avec des organes plus qu'à demi conquis par la mort.

« Là est la grande leçon morale qu'Augustin Thierry a donnée à
notre temps. Le monde des sens lui a manqué, et il a toujours eu des
raisons de vivre. L'univers lui apparut comme quelque chose de
curieux et d'attachant qui mérite qu'on s'en occupe : il eut cet esprit
d'investigation, cet immense appétit de vérité qui fait embrasser la
vie avec ardeur ou la supporter avec courage. C'est par là, disons-le,
que notre siècle se relèvera de son abattement. »

----

1. Renan, *Essais de morale et de critique*, p. 139.

7° HISTOIRE NARRATIVE ET PUREMENT OBJECTIVE :
THIERS ET MIGNET

Ni Mignet ni Thiers, que je sache, n'ont jamais fait profession d'appartenir à l'école de Thierry. Pourtant ils sont demeurés, bien au delà de 1840, et presque jusqu'à nos jours, les représentants attardés de la pure narration historique, à la manière de Thucydide ou de Tite-Live.

Thiers, exclu du pouvoir par son rival tout-puissant, reprit, l'année même où Guizot l'emporta, en 1840, la suite de son histoire de la Révolution : en 1845 parut le premier volume de l'*Histoire du Consulat*; en 1855, le dernier volume de l'*Histoire de l'Empire*.

Je ne suis plus convaincu que Thiers, en écrivant ces livres, ait, comme dans sa *Révolution*, obéi à quelque suggestion politique. Le gouvernement de Juillet n'avait plus grand profit à tirer des idées napoléoniennes ; et d'ailleurs Thiers était chef de l'opposition libérale. Il voulut d'abord donner une suite à son premier ouvrage ; il voulut ensuite, et surtout, traiter un sujet qui lui plaisait fort. L'*Histoire du Consulat* a contribué, très imprudemment, à développer le culte de Napoléon ; elle est née en partie de ce culte : mais Thiers n'avait aucun motif pour le répandre.

Ce qu'il aimait dans son sujet, ce qu'il a traité avec le plus de complaisance, ce sont les questions budgétaires et les questions militaires. Tel récit de bataille, tel examen de virements de fonds, se ressemblent et sont également des chefs-d'œuvre d'exposition. Thiers fait mouvoir avec la même aisance les régiments et les chiffres. Tout est présenté avec une telle clarté, une telle simplicité, qu'on se sent gagné, à cette lecture, par l'illusion de l'expérience du métier même. Le Thiers de *l'Empire* est tout à fait celui que Jérôme Paturot prenait pour maître d'éloquence historique (1843-5).

« Il supposait toujours (et Dieu sait avec quel à-propos !) que la Chambre ignore jusqu'au premier mot des choses ; cela indiquait une profonde étude du cœur humain. Il prenait une question au berceau et ne la quittait qu'après l'avoir épuisée. Grâce à lui, je faillis connaître la question d'Orient : un discours de plus et je mordais au problème. Rien n'effacera de mon souvenir les impressions que m'a

laissées l'éloquence du plus éveillé, du plus alerte, du plus fécond
de nos orateurs, son ingénieuse manière d'exposer et de raconter, la
ductilité, l'élégance de son langage, enfin une érudition historique
qui n'est jamais à bout de ressources ni de rapprochements[1]. »

L'*Histoire du Consulat* n'avait pas encore paru : Reybaud la
jugeait par avance.

Si on ajoute à ces études financières et militaires l'analyse
un peu longue des relations diplomatiques, et, à la fin du
volume, une comparaison emphatique entre Napoléon et les
autres grands capitaines, on aura l'essentiel de ces vingt
volumes. Sur le mouvement littéraire, sur l'évolution religieuse,
sur l'état des esprits, sur la situation matérielle, il n'y a qua-
siment rien. Thiers, qui a étudié avec soin les champs de
bataille de l'Europe, qui a analysé tous les papiers diplomatiques, qui a lu tant de mémoires manuscrits, me paraît avoir
trop négligé les rapports des préfets et des commissaires de
police. La vie intérieure de la France, politique, économique
et morale, l'intéresse à peine. Il ne quitte pas volontiers le
voisinage immédiat de Napoléon. Comme Velly ou Anquetil, c'est
un historien « dynastique ».

On lui a reproché ses erreurs : il est aisément excusable, si
l'on songe qu'il a été le premier à faire cette histoire colossale,
et que personne n'a osé l'entreprendre après lui. Bien des
événements seraient ignorés aujourd'hui si Thiers n'avait
demandé à les connaître : il les a mal vus, on a rectifié après
lui, et son erreur a été une étape vers la vérité. — On lui a
reproché un vice de méthode qui est plus grave : c'est d'avoir,
avant chaque bataille, prêté à Napoléon un plan définitif, alors
que presque toujours l'empereur n'a développé ce plan que peu
à peu, au fur et à mesure des incidents de la journée. Dans
ce cas, Thiers a été trompé par son désir d'être clair : il a été
victime de ses procédés d'exposition[2].

Thiers a eu son idéal en histoire. Son genre est celui des écrivains anciens, Tite-Live ou Thucydide. Il n'intervient jamais;
il a « éteint toute passion dans son âme; il a cherché à ce
que ses sentiments ne soient jamais ni aperçus ni sentis ». Les
réflexions que peuvent suggérer les événements, il les place
dans des discours indirects; et en revanche, il analyse ou il

1. Reybaud, *Jérôme Paturot à*   *ciale*, 6ᵉ édit., 1845, p. 336.
la recherche d'une position so-   2. Voyez Zévort, *Thiers.*

refait les documents originaux, il transforme en sa prose molle
et abondante les violentes et saccadées boutades de Napoléon.
Le sentiment de l'auteur n'est presque jamais dans ce livre, et
sa parole y est toujours. Le but de l'historien est, selon lui,
d'abord de raconter, et ensuite d'inviter le lecteur à conclure
et à profiter des leçons du passé. C'est un idéal extraordinaire-
ment reculé, celui de la préface de Tite-Live ou des Institutions
de Quintilien, mais enfin c'est un idéal. C'est l'esthétique
diamétralement opposée à celle du romantisme, dont Thiers est,
en toute chose, l'ennemi.

Mais le modèle de l'historien suivant le cœur de Thiers —
« être simplement vrai, être ce que sont les choses elles-mêmes,
n'être rien de plus qu'elles, n'être rien que par elles, comme
elles, autant qu'elles[1] », — ce modèle est donné par Mignet,
demeuré le meilleur ami de l'auteur du *Consulat*. Mignet a sur
Thiers l'avantage de n'avoir aucune passion politique, de se
vouer exclusivement aux travaux historiques et à l'éloquence
des Académies. Il vit surtout à l'Institut, secrétaire perpétuel
de l'Académie des Sciences Morales et Politiques; et, sans
raillerie, il fait de l'histoire avec l'aimable impartialité, l'effa-
cement intelligent qui conviennent à un secrétaire perpétuel.
Nul historien en France, Barante excepté (mais est-ce bien un
historien?), n'a fait preuve d'une telle objectivité scientifique.

Ces mémoires et ces livres sont tous (même *la Révolution*)
conçus suivant un type uniforme. A peu près toujours, ils ont
été déterminés par une publication récente de documents im-
portants, que Mignet veut faire connaître, mettre en œuvre et
compléter : par exemple, les pièces diplomatiques sur la succession d'Espagne, qu'il a réunies et qu'il fait précéder d'une
Introduction. Ses renseignements sont donc puisés aux sources, et les erreurs, s'il en est, ne seront pas le fait de Mignet.
Au début, très peu de considérations générales, d'ordinaire
un résumé historique : par exemple, dans son mémoire sur
Genève, quelques pages sur la réforme en France jusqu'en
1530; et dans ce résumé, l'objet du travail fermement indiqué :
« Pour que le protestantisme français eût sa forme particulière
et sa marche décidée, il avait besoin d'une ville qui lui servît
de centre, et d'un chef qui devînt son législateur[2]. » Le corps

1. *Empire*, t. XII, p. xxiv. | 2. Cf. ici, p. 274.

du mémoire est un récit ininterrompu, tressé uniquement à l'aide des documents originaux[1] : çà et là quelques portraits, traduits ou résumés des textes anciens ; une réflexion de loin en loin, qui résume une période et annonce la suivante. Mignet a peu de goût pour l'étude des institutions : il ne l'a abordée que dans deux mémoires, sur la *Germanie au VIIIe et au IXe siècle* (1839) et sur la *Formation territoriale et politique de la France* (1838?), qui ne sont point les meilleurs : on dirait que les analyses délicates, que les rapprochements habiles de textes pris loin l'un de l'autre le fatiguent et l'inquiètent. En revanche, il a un goût très prononcé pour les détails minutieux et qui fleurent l'anecdote, mais l'anecdote sérieuse : son *Antonio Perez* et son *Abdication de Charles-Quint*, qui sont de la pleine maturité de sa vie (1844-1852), le prouvent aisément. Pourtant, quand il veut grouper en une idée commune les événements d'une période, faire le tableau d'une vie ou d'un siècle, il réussit admirablement : voyez sa *Succession d'Espagne*[2] et les résumés dont il termine sans exception tous ses livres, résumés où il n'y a rien de trop et où rien n'est oublié, où toute expression porte, où la longueur même de chaque période semble proportionnée à l'importance du fait qu'elle exprime[3].

Tout cela fait des œuvres de Mignet des modèles de composition historique, de précision scientifique et d'élégance académique. Le style est d'une limpidité, d'une sobriété classique. Aucune couleur, aucune saveur : Thiers a peut-être songé à Mignet en parlant quelque part du style historique : « C'est une glace si pure que le verre ne s'aperçoit pas, c'est la transparence absolue » : le verre, dans cette métaphore, c'est l'auteur. Dans l'épisode le plus dramatique qu'il ait eu à écrire, la mort de Marie Stuart, je défie de trouver un mot qui soit une réflexion de l'auteur[4]. Et malgré tout, les livres de Mignet se lisent avec presque autant de plaisir que de profit, et, si l'intérêt et l'émotion y viennent toujours du fait historique et non de l'écrivain, c'est qu'il a réussi à donner, avec l'exactitude du fait, la vérité de l'impression.

La carrière de Mignet devait être aussi régulière que son

1. Par exemple, p. 294.
2. Ici, p. 268.
3. Cf. p. 273 et 287.
4. Ici, p. 279.

œuvre. Périodiquement, il soumettait ses mémoires à l'Académie des Sciences Morales et Politiques, ou les confiait au *Journal des Savants*; puis, il les publiait en volumes. De temps à autre, il les interrompait pour composer, sur ses collègues défunts, des *notices* où apparaissaient les mêmes qualités que dans ses livres. Une telle vie, où la vérité était une profession plus qu'une passion, fut féconde jusqu'à la fin. Sa *Rivalité* fut publiée enfin en volume en 1875 ; Mignet avait 80 ans. Il mourut huit ans plus tard.

Les ouvrages de Mignet marquaient, dans notre littérature historique, un symptôme de bon augure : la tendance à abandonner les trop grands sujets, à restreindre le champ d'études au récit d'un règne ou à une nature d'institutions. La multiplicité des documents publiés rendait nécessaire cette division du travail. Elle commence à être très sensible en 1840, et elle s'accentuera dix ans plus tard.

8° HISTOIRE PHILOSOPHIQUE : CHATEAUBRIAND ET TOCQUEVILLE

L'histoire philosophique fut représentée, pendant les dix premières années du règne de Louis-Philippe, par Chateaubriand et Tocqueville.

Nous avons perdu de vue Chateaubriand depuis la chute de l'Empire. En 1814, il avait dit « adieu aux Muses » pour soutenir de ses pamphlets et de son ardeur combattive le gouvernement des Bourbons. Les journées de Juillet l'obligèrent au repos. Quelques mois après, il publiait ses *Études historiques*, le seul livre d'histoire, à proprement parler, qu'il ait écrit[1].

Il semble bien que, dans ce livre, Chateaubriand ait voulu concilier l'*école narrative* et l'*école philosophique* (n'oublions pas que c'est peut-être lui qui a lancé ces deux noms). Son *Analyse de l'histoire de France* renferme des récits à la manière de Froissart. D'autre part, en admettant qu'il ait eu, en écrivant ces pages, une idée précise et constante, Cha-

---

1. Il eût été étonnant que Chateaubriand n'eût pas, comme Guizot, Villemain, Thierry et tous les écrivains de son temps, touché à la Révolution anglaise. Il en a parlé en effet dans ses *Quatre Stuart*, où il y a de belles phrases, mais où il n'y a que cela.

teaubriand pense refaire la *Civilisation* de Guizot : il part de
cet axiome, qu'il y a dans le monde trois vérités, la *vérité
religieuse*, qui est la loi du Christ, la *vérité philosophique*,
qui est le travail de l'esprit, la *vérité politique*, qui est la
liberté ; et il suit les luttes et les accords de ces trois vérités
« jusqu'au jour où elles produisent la société perfectionnée des
temps actuels ». C'est ainsi que Guizot avait procédé pour les
trois ordres d'institutions, liberté, aristocratie, despotisme.

Du reste, ce livre de Chateaubriand est plein de réminiscences. A Guizot, outre sa méthode, il emprunte les idées
maîtresses de longs développements ; à Thierry, l'orthographe
des noms francs ; à son propre *Génie du Christianisme*, les
poétiques descriptions des voûtes gothiques. Son érudition est
de mauvais aloi ; ses prétendus récits historiques paraissent l'œuvre de collaborateurs inexpérimentés. L'ouvrage ne
se tient pas : à court d'argent, Chateaubriand avait hâte de le
livrer au libraire. Mais çà et là son génie intelligent et poétique
se révèle par des pages admirablement inspirées, où il a vu
la vérité et retrouvé le passé par divination plutôt que par
analyse.

Chateaubriand ne devait mourir qu'en 1848. Il vécut ses
dernières années entouré d'admirateurs ; son salon de
l'Abbaye-aux-Bois parut souvent la véritable académie de la
France. Volontiers les premiers de ses disciples, déjà eux-
mêmes près de la tombe, comme Thierry, rappelaient ce qu'ils
lui devaient, exagérant peut-être leur reconnaissance[1] : Chateaubriand est, dans notre littérature, celui qui a trouvé le
moins d'ingrats.

Alexis, comte de Tocqueville, semblait désigné pour être, ce
qu'il fut vraiment, le maître incontesté, au milieu du
xixe siècle, de l'histoire philosophique. Son père, préfet
de la Restauration, préparait en ce temps-là une *Histoire
philosophique du règne de Louis XV* (parue en 1846). Dès
l'âge de 22 ans (il était né en 1805), il était juge au tribunal
de Versailles ; en 1831-32, il fut chargé d'une mission pour
étudier le régime pénitentiaire aux États-Unis. Observer et
juger les hommes, raisonner et entendre raisonner, c'est à
cela que se passe la jeunesse de Tocqueville[2].

1. Cf. ici, p. xii.
2. Asse dit avec raison, à propos | de *la Démocratie* : « C'est peut-être
| le premier exemple d'une aussi

Son livre sur *la Démocratie en Amérique* (1836-1839) eut un succès comparable à ceux des livres de Thierry et de Barante : ce qui montrait bien quel changement se faisait peu à peu dans les goûts de la nation. L'esprit critique succédait déjà à la mode du romanesque. Il ne renferme aucun récit, aucune description : des jugements et des raisonnements. A certains moments, on croit lire, développé en volume, le célèbre chapitre de *l'Esprit des Lois* sur l'aristocratie anglaise : « Comment les lois peuvent contribuer à former les mœurs, les manières et le caractère d'une nation [1]. »

Mais ce livre est fait suivant la plus saine méthode historique, et je ne crois pas qu'il existe au monde un meilleur ouvrage d'histoire contemporaine. Il débute par une étude géographique, « sur la configuration extérieure de l'Amérique du Nord » (notez que Michelet a fait ainsi, en 1833, pour son *Histoire de France*). Suit une étude « sur le point de départ », c'est-à-dire les causes historiques qui devaient amener les États-Unis à être une démocratie. Vient alors la partie fondamentale du livre, sur l'organisation de cette démocratie : mais, avant l'*état politique*, Tocqueville veut examiner l'*état social* (ainsi fera Fustel de Coulanges dans sa *Cité Antique*), et dans le chapitre sur la société il marquera de préférence (comme le fera Fustel dans tous ses ouvrages) le rapport qui existe entre le droit de propriété ou de succession et les conditions sociales et politiques [2]. Enfin, la constitution démocratique de l'Amérique étudiée dans ses moindres détails, Tocqueville en dérive l'état moral du peuple. — Nulle part en France ni hors de France, l'esprit d'une nation n'avait été présenté d'une manière à la fois plus désintéressée, plus logique et plus complète. C'est, à tout prendre, un chef-d'œuvre de construction, de raisonnement, et aussi de précision : aucun « point n'est établi » sans l'aide de documents écrits ou de plusieurs témoignages concordants et contrôlés : l'auteur applique à l'histoire contemporaine les procédés de critique rigoureuse

grande précocité littéraire, dans un genre d'écrit où l'expérience n'est pas moins nécessaire que la profondeur de la pensée. » *Biographie* Didot. Voyez sur Tocqueville la *Notice* de Mignet, la préface de ses *Œuvres complètes*, et un article de M. Faguet dans la *Revue des Deux Mondes* du 1ᵉʳ février 1894.

1. XIX, xxvii.
2. Cf. ici, p. 422.

que revendique pour elle la science du passé. Ainsi, à sa façon, si contraire à celle de Michelet, Tocqueville recherchait et retrouvait ce que celui-ci appelait « l'âme d'un peuple ».

Chateaubriand et Tocqueville ont un trait commun : l'esprit chrétien et le vague désir de réconcilier la religion et la liberté, l'Église et la démocratie :

« Le moine et le curé », dit Chateaubriand, « sont les compagnons du pauvre : pauvres comme lui, ils ont pour compagnons les entrailles de Jésus-Christ; le prêtre catholique est le successeur des douze hommes du peuple qui prêchèrent Jésus-Christ ressuscité. »

Et Tocqueville ne regarde pas comme une pure chimère l'avènement d'une démocratie chrétienne :

« On rencontre encore parmi nous des chrétiens pleins de zèle dont l'âme religieuse aime à se nourrir des vérités de l'autre vie; ceux-là vont s'animer sans doute en faveur de la liberté humaine, source de toute grandeur morale. Le christianisme, qui a rendu tous les hommes égaux devant Dieu, ne répugnera pas à voir tous les citoyens égaux devant la loi. »

Au moment où Tocqueville, prévoyant l'avènement de la démocratie en France, cherchait à l'attirer vers l'Église, d'autres historiens, ardents prophètes des espérances populaires, mettaient au service du principe nouveau leur talent d'écrivains et leur connaissance du passé.

9° LA DÉMOCRATIE CHEZ LES HISTORIENS : « LA RÉVOLUTION », DE MICHELET; « LES RÉVOLUTIONS D'ITALIE », DE QUINET

Depuis 1840, le gouvernement de Juillet luttait contre les principes libéraux et les aspirations démocratiques auxquels il avait dû sa naissance. Guizot, qui le dirigeait, essayait d'entraver le courant qui l'avait porté au pouvoir. Il voulut arrêter la marche de la Révolution au jour de triomphe des classes moyennes : il refusa au peuple sa part de pouvoir. Les conflits qui s'étaient produits vingt ans plus tôt reparurent : seulement, la démocratie remplaça la bourgeoisie dans la guerre au pouvoir.

Après vingt ans de labeurs désintéressés, l'histoire se jeta de nouveau dans la mêlée politique ; comme en 1820, ce furent des historiens et des philosophes qui prirent l'initiative des polémiques. Durant tout ce siècle, il est arrivé que les partis ont eu leur apologie historique avant d'avoir leur triomphe public. Le gouvernement de la bourgeoisie avait inspiré Guizot bien avant 1830; celui de la démocratie inspira Michelet longtemps avant 1848.

Michelet fut en effet un des premiers à prendre part à la lutte des partis ; sa vie suivit une marche inverse de celle de Thierry ou de Guizot : ceux-ci furent ramenés par la politique à l'histoire, Michelet fut poussé par l'histoire dans la politique.

Si l'on se rappelle le point de départ de ses premières pensées et les influences maîtresses de ses œuvres, la transformation de Michelet en homme politique paraîtra toute naturelle. Depuis 1825, il s'était laissé obséder par l'enthousiasme des « nations » ressuscitées : il avait vu l'Allemagne et compris son génie. En 1830, il « aperçut » la France, non pas la France bourgeoise et parlementaire qui prit le pouvoir, mais la France plébéienne et populaire qui espéra ce pouvoir pendant soixante-douze heures et qui se le vit confisquer. Dans son *Histoire de France* (même dans son *Histoire Romaine*), Michelet cherche, au-dessous des chefs, en dehors des institutions, le peuple lui-même, et parmi les grands hommes n'aime que ceux qui sont « peuple » ou « humanité[1] ». S'il a été merveilleusement inspiré dans son chapitre sur Jeanne d'Arc, c'est parce qu'en elle apparurent la France et le peuple. — Or, en 1840, c'est la France plébéienne qui réclame ses droits à la vie publique. Parler en sa faveur c'est, pour Michelet, continuer son œuvre d'historien.

Depuis 1838, Michelet est au Collège de France, professeur d'histoire. Il a pour collègues (depuis 1841) son ami Quinet[2], qui enseigne les littératures du midi de l'Europe, et le réfugié Mickiewicz, qui enseigne les langues slaves. Ce que la Sorbonne était en 1828, le Collège de France le devient maintenant : au triumvirat bourgeois de Guizot, Villemain et Cousin succède un triumvirat démocratique.

Et ce ne sont pas seulement « les génies des nations » pros-

1. Cf. ici, Cousin, p. xxxii.   *de la Grèce moderne* (1830), *le*
2. De Quinet, en ce temps-là,   *Génie des Religions* (1843).

crites et réveillées (la France, l'Italie, la Pologne) que ces trois hommes représentent ; mais une nouvelle idée germe, par eux, dans l'enseignement et la politique : c'est que les peuples sont frères, et qu'ils doivent se tenir dans leurs revendications, comme ils se tiennent dans leur histoire et leurs idées : « Fraternité des peuples, fraternité des idées », s'écriait Michelet, « je distinguais l'une et l'autre dans l'analogie des symboles[1] » ; et pour le prouver il publiait ses *Origines du droit français cherchées dans les symboles et formules du droit universel* (1837). Quinet écrivait de l'Italie : « Ses plaies sont nos plaies[2] ».

C'est le temps où la Pologne soutenait sa dernière lutte ; où l'Italie, cherchant « sa conscience nationale », se préparait à l'unité. La théorie de Michelet sur le « génie des nations » répondait à l'esprit de son temps. Il était l'historien désigné de ces démocraties nationales.

Après son livre sur *les Jésuites* (1843), qu'il fit en collaboration avec Quinet, ceux sur *le Prêtre, la Femme et la Famille* (1844) et sur *le Peuple* (1846), il aborda enfin l'histoire du premier peuple dans le monde moderne qui se soit constitué en nation. Il publia, à partir de 1847, l'*Histoire de la Révolution française*, livre de combat autant que les trois qui ont précédé.

On a trop rabaissé la valeur historique de ce livre. Ne le jugeons pas d'après ce qui a été fait depuis, mais d'après ce qui avait été fait avant lui. Il renferme le résultat d'investigations longues et profondes ; la vue de Michelet est parfois obscurcie par le parti-pris, mais s'il juge mal, il est dans la bonne voie historique. Il a étudié les documents des Archives nationales ; quand il l'a pu, ceux des archives départementales[3]. Il a connu les registres de la Commune de Paris, aujourd'hui disparus ; il a regardé les estampes et les médailles. Il n'y a ni plus ni moins d'erreurs que chez Thiers, il y en a beaucoup moins à coup sûr que chez Lamartine. En revanche, le livre de Michelet marque sur ceux de ses devanciers un énorme progrès. Ceux-là s'étaient tenus à la façade visible des

1. *Origines du Droit*, p. ccv.
2. *Révolutions d'Italie*, p. xx.
3. Ce livre, dit-il, « est né du sein des Archives. Je l'écrivis six ans dans le dépôt central, où j'étais chef de la section historique. » Michelet reproche à Louis Blanc de n'avoir connu que l'imprimé.

événements, aux grandes scènes classiques. Michelet s'inquiète longuement des causes de la Révolution : il fait autant de place, presque, à Rousseau qu'à Mirabeau, et il a raison ; il cherche à saisir les transformations intimes de l'esprit et des croyances populaires, à se rendre compte de la vie du peuple pendant la crise ; il marque l'influence de 1789 en Europe, et il en saisit les raisons ; il refait l'histoire morale et religieuse de la Révolution, sa psychologie et sa théologie. C'est avec Michelet que commence *l'histoire intégrale* et l'analyse critique de la Révolution.

On lui reprochera, là plus que dans aucun de ses livres, d'avoir transformé « le fait en idée », l'homme en symbole. Le peuple symbolise la France, Danton symbolise le peuple. Nulle part ses procédés ne sont plus sensibles que dans ce livre. Mais comme Michelet parle de principes qu'il aime, de temps qui sont voisins de lui, d'un sol et d'une ville qu'il connaît, comme il a dans son enfance entendu l'écho de cette Révolution, jamais ses images ne sont plus nettes, ses scènes plus vivantes, sa phrase plus passionnée. Ce livre « est un poème épique dont le peuple est le héros ».

Les *Révolutions d'Italie* d'Edgar Quinet parurent à peu près en même temps que la *Révolution française* de Michelet. A la différence de son ami, Quinet raconte peu : la narration est presque entièrement exclue de son livre ; le symbolisme le tourmente moins, les institutions le préoccupent plus que les hommes. Mais il y a entre ce livre et les œuvres de Michelet une profonde parenté[1].

C'est le peuple italien et c'est « l'âme de l'Italie » que Quinet veut retrouver à tous les âges. Il les recherche, non pas seulement dans les révolutions politiques et sociales, mais aussi dans les révolutions littéraires et religieuses. Comme Michelet, c'est l'Italie entière, sol et monuments, hommes et dieux, que sa pensée veut embrasser. Il y a, dit-il, un lien étroit entre tous ces êtres et toutes ces choses.

Pour faire son livre, Quinet visite l'Italie d'abord : les palais, les églises, les vieilles fresques lui ouvrent les yeux ; « les murailles l'éblouirent » : alors il touche « la vie réelle du moyen âge ». De retour en France, il « entre profondément

1. « Ingénieux écrit », disait Renan de ce livre (*Essais de morale*, p. 257). Je crois qu'il mérite mieux que cette épithète. — Sur Quinet, voy. Mme Quinet, *Edgar Quinet avant l'exil*, 1888, 2ᵉ édit.

dans l'étude des chroniqueurs », il « dévore l'immense recueil » des *Antiquités* de Muratori, le dom Bouquet italien. Puis il « met la main à son ouvrage », bien décidé à ne pas avancer un seul principe historique, qu'il ne l'ait vu « sortir avec évidence du témoignage universel ». Voilà la vraie méthode historique, qui ne demande ses preuves qu'au passé, mais qui du passé ne néglige rien.

Aussi fortement outillé, le livre des *Révolutions* est un livre d'histoire de premier ordre. Le style est celui d'un prophète : c'est la manière de parler et d'écrire des hommes de 1848. On se disait prophète en ce temps-là comme on se dit socialiste de nos jours[1]. Mais ne regardez que la manière de

---

1. Et on était prophète à tort et à travers, Quinet comme les autres. — Voici cependant une page admirable, trop peu connue, où, s'insurgeant contre l'engouement pour l'Allemagne, il prévoit et prédit la résurrection intégrale, au détriment de la France, de l'empire germanique. Cette fois, la prophétie est la conclusion des longues études historiques faites par Quinet. *De l'Allemagne et de la Révolution*, 1832 :

« Ainsi, voilà l'unité du monde germanique que tout sert à relever, rois, peuples, religion, liberté, despotisme, et qui menace de fouler la France au premier pas. Cette unité n'est point un accord de passions que le temps mine chaque jour. C'est le développement nécessaire, inévitable, de la civilisation du Nord. Jusqu'ici nous n'avions guère redouté que la Russie et les peuples slaves : nous avions sauté à pieds joints cette race germanique qui commence, elle aussi, à entrer à grands flots dans l'histoire contemporaine. Nous n'avions pas compté que tous ces systèmes d'idées, cette intelligence depuis longtemps en ferment, et toute cette philosophie du Nord qui travaille ces peuples, aspireraient aussi à leur tour à se traduire en événements dans la vie politique, qu'ils frapperaient sitôt à coups redoublés pour entrer dans les faits et régner chez eux avec l'État sur l'Europe actuelle. Nous qui sommes si bien préparés pour savoir quelle puissance est aux idées, nous nous endormions, je ne sais comment, sur ce mouvement d'intelligence et de génie ; nous l'admirions naïvement, pensant qu'il ferait exception à tout ce que nous savons, et que jamais il n'aurait, pour son compte, l'ambition de passer des consciences dans les volontés, des volontés dans les actions, et de rechercher pour lui la puissance sociale et la force politique. Et voilà cependant que ces idées, qui devaient rester si insondables et si incorporelles, font comme toutes les idées qui ont jusqu'à présent apparu dans le monde, et qu'elles se soulèvent en face de nous avec toute la destinée d'une race d'hommes ; et cette race elle-même se range sous la dictature d'un peuple, non pas plus éclairé qu'elle, mais plus avide, plus ardent, plus exigeant, plus dressé aux affaires. Elle le charge de son ambition, de ses rancunes, de ses rapines, de ses ruses, de sa diplomatie, de sa violence, de sa gloire, de sa force

grouper les faits, de conclure du document à l'idée, de rechercher les causes et les conséquences, vous verrez que ce livre est une histoire critique de la société italienne, aussi précise et aussi sérieuse à certains moments que *la Démocratie en Amérique* et que *la Cité Antique.*

Quinet recherche quel est « le principe de gouvernement » des républiques italiennes, *la terreur*, comment « les arts se sont rattachés » à la constitution; il montre « le caractère social » des révolutions d'apparence politique, et pourquoi ces révolutions ont « jeté les Italiens dans le cosmopolitisme »; il essaie d'expliquer les grands hommes par leur éducation et leur milieu, quel rapport étroit, par exemple, existe entre la politique de Machiavel et la peinture de Raphaël, et comment « les œuvres de Michel-Ange portent l'empreinte de la vie publique » : il « montre au fond de leur cœur le travail continu d'une nation qui se cherche ». Quinet annonce Fustel et Tocqueville par la manière dont il étudie les révolutions, et Taine par celle dont il groupe les différents traits de la physionomie d'une époque.

Ce livre, par endroits si puissant, mais aujourd'hui trop peu lu, marque une nouvelle étape dans la science historique : le progrès que Michelet avait fait faire à l'histoire racontée, à l'école narrative, Quinet et Tocqueville l'ont fait faire à l'histoire analysée, à l'école philosophique. C'est *l'intégrité* de la vie d'une nation qu'ils ressuscitent : celui-là par le récit, ceux-ci par l'analyse.

Ce progrès était au reste la conséquence du point de départ de cette école démocratique : faire revivre la nation. D'autres avant eux avaient songé surtout aux classes dirigeantes; d'autres, plus anciennement, surtout aux dynasties régnantes. Les nouveaux venus cherchent le peuple même : mais pour le trouver, il faut se détacher des grands événements qui frappent l'imagination; il faut pénétrer les idées, les

au dehors, se réservant à elle l'honnête et obscure discipline des libertés intérieures; or, ce peuple, vous le connaissez. Depuis la fin du moyen âge, la force et l'initiative des Etats germaniques passent du midi au nord avec tout le mouvement de la civilisation. C'est donc la Prusse que l'Allemagne est occupée à cette heure à faire son agent au lieu de l'Empire d'Autriche? Oui; et si on la laisse faire, elle la pousse lentement, et par derrière, au meurtre du vieux royaume des Francs. »

croyances, les faits, la vie économique, la vie matérielle : il
faut tout voir et tout lire.

10° LA DÉMOCRATIE CHEZ LES HISTORIENS : LOUIS BLANC
ET LAMARTINE

Malgré leurs aspirations démocratiques, Quinet et Michelet
demeurèrent fidèles à leurs devoirs d'historiens. Trop souvent,
au contraire, Louis Blanc et Lamartine, qui s'essayaient alors
à l'histoire, demeuraient les esclaves celui-là de sa philosophie
socialiste, celui-ci de son lyrisme politique.

L'*Histoire de la Révolution*, de Louis Blanc (1847-1862), est
un panégyrique politique. « Trois principes », dit-il, « se par-
tagent l'histoire : l'autorité, l'individualisme, la fraternité ».
La Révolution n'est qu'un chapitre de la lutte de ces trois
principes, lutte que l'auteur fait commencer en 1414 à Con-
stance et avec Jean Huss. L'autorité a été vaincue en 1789,
mais est-ce au profit de la liberté ? erreur et mensonge, dit
Louis Blanc, « c'était l'individualisme qui arrivait », c'est-à-
dire la bourgeoisie, avec ses philosophes, ses avocats, ses
industriels. Il faut, pour compléter cette première révolution,
une seconde, qui amène la fraternité. La Montagne a essayé
de la faire, mais « tumultueusement », et un seul homme l'a
bien comprise, Robespierre. C'est cette révolution que Louis
Blanc « appelle », au nom « de l'harmonie et de la liberté ».

Il fallait donc que tous les partis, tour à tour, demandassent
à l'histoire de confirmer leurs théories et de justifier leurs
révolutions. Pour Thierry 1830, et pour Louis Blanc 1848,
ont été le couronnement logique de l'histoire de France. Aussi
celui-là cesse de la comprendre à la révolution de Février,
celui-ci ne commence qu'alors à la comprendre.

L'*Histoire* de Louis Blanc vaut cependant mieux que son
apparence et que sa réputation :

« Louis Blanc », m'écrit à ce propos le plus compétent des juges,
M. Aulard, « est dépassé sur bien des points, mais pas plus et
peut-être moins que les autres historiens de la Révolution. Quand
il se trompe, ce n'est point par vice de méthode, mais parce que,
de son temps et surtout à Londres (où il a composé la plus grande
partie de son livre), on n'avait pas les documents que nous avons.

Sa méthode est vraiment scientifique, en ce qu'il n'allègue pas un fait sans s'appuyer sur un texte cité en note. Il est le premier qui ait ainsi traité l'histoire de la Révolution, et j'ajoute avec un désir d'impartialité fort méritoire. *Désir* n'est pas assez dire : il a été, je crois, plus impartial que nul autre. Voyez comme il a peur de trop abonder dans son propre sens, d'être injuste pour les adversaires de ses idées. Certains de ces appendices où il discute sa propre méthode et ses résultats sont des chefs-d'œuvre de critique historique. Sans doute, on peut lui reprocher d'avoir admis certaines sources douteuses ou médiocres, et je crois que nous avons progressé depuis lui, à cet égard et à d'autres. Mais c'est encore l'ouvrage d'ensemble le plus propre à faire connaître la Révolution. J'ajoute que certaines parties de son livre, notamment sur la Vendée, sont presque définitives, et étaient fort nouvelles à l'époque. »

L'*Histoire des Girondins*, de Lamartine (1847), est un admirable récit, tour à tour tendre et passionné, plein de scènes émouvantes, d'audacieux portraits, la plus belle œuvre de prose qu'un poète ait écrite. Mais, si apparent qu'ait été le désir de Lamartine de recourir aux originaux, il ignore en tout la science de la critique. — Le dernier repas des Girondins est peut-être le plus beau passage du livre. C'est une page que l'on ne lira jamais froidement :

« Le souper funéraire était dressé dans le grand cachot. Les mets recherchés, les vins rares, les fleurs chères, les flambeaux nombreux, couvraient la table de chêne des prisons. Luxe de l'adieu suprême, prodigalité des mourants qui n'ont rien à épargner pour le jour suivant. Les condamnés s'assirent à ce dernier banquet, d'abord pour restaurer en silence leurs forces épuisées, puis ils y restèrent pour attendre avec patience et avec distraction le jour.....

« L'entretien prit vers le matin un tour plus sérieux et un accent plus solennel. Brissot parla en prophète des malheurs de la République, décapitée de ses plus vertueux et de ses plus éloquents citoyens. « Que « de sang ne faudra-t-il pas pour laver le nôtre ! » s'écria-t-il en finissant. Ils se turent tous un moment, et parurent consternés devant le fantôme de l'avenir évoqué par Brissot. « Mes amis », reprit Vergniaud, « en greffant l'arbre nous l'avons tué; il était trop vieux, « Robespierre le coupe. Sera-t-il plus heureux que nous? Non. Ce sol « est trop léger pour nourrir les racines de la liberté civique, ce « peuple est trop enfant pour manier ses lois sans se blesser; il « reviendra à ses rois, comme l'enfant revient à ses hochets !... Nous « nous sommes trompés de temps en naissant et en mourant pour « la liberté du monde », poursuivit-il, « nous nous sommes crus à « Rome, et nous étions à Paris ! Mais les révolutions sont comme ces

« crises qui blanchissent en une nuit la tête d'un homme : elles
« mûrissent vite les peuples. Le sang de nos veines est assez chaud
« pour féconder le sol de la République. N'emportons pas avec nous
« l'avenir, et laissons l'espérance au peuple en échange de la mort
« qu'il va nous donner ! »

« Il y eut un long silence après ces paroles de Vergniaud, et l'entretien s'élança de la terre au ciel avec les pensées..... »

Rien de tout cela n'est vrai ; nul n'a entendu les dernières
paroles des Girondins, et de leur dernier repas nous ne savons
rien. Lamartine s'est laissé tromper[1], sans doute d'assez bonne
grâce. Ce beau récit fait pendant à *la mort de Socrate* : c'est
le même charme triste et solennel, c'est la même absence de
toute valeur historique[2].

11° SCIENCES AUXILIAIRES DE L'HISTOIRE. ORIENTALISME ET ANTIQUITÉ. DURUY

L'histoire purement scientifique, dégagée de tout souci littéraire ou de toute préoccupation politique, l'érudition objective et désintéressée, eut, sous le règne de Louis-Philippe, un
éclat presque supérieur à celui dont elle avait brillé en France

1. Avant lui, Ch. Nodier et bien d'autres. Voyez, en dernier lieu, Biré, *la Légende des Girondins*, p. 416 et suiv. « En résumé, il est possible que les Girondins, au sortir du tribunal révolutionnaire, aient pris ensemble quelques aliments, mais il est certain que ce *dernier repas*, si on veut lui donner ce nom, n'a rien eu de remarquable, car, alors, comment s'expliquer que Riouffe n'en ait pas parlé? Ce que M. Thiers a dit de la physionomie de ce repas et en particulier des discours de Vergniaud, ce qu'ont écrit à leur tour sur ce *souper funéraire* Charles Nodier et M. de Lamartine, tout cela est donc du domaine de l'imagination et du roman. »

2. Parmi les ouvrages d'histoire contemporaine publiés de ce temps il faut citer l'honnête *Histoire des Deux Restaurations*, de Vaulabelle (1844 et s.), et l'*Histoire de dix ans* (1830-1840), de Louis Blanc, « écrite en pleine lutte (1841), l'un très remarquable au point de vue de l'effort d'impartialité », mérite M. Aulard. — On pourrait, en face des écrivains démocratiques, étudier encore tout un groupe d'historiens à tendances ultramontaines et « providentielles », Gabourd, Ozanam, Falloux, Rohrbacher, l'auteur de l'*Histoire universelle de l'Eglise catholique*, le plus caractérisé sinon le plus intéressant de ce groupe. Voyez pour cette littérature Nettement, *Histoire de la Littérature française sous le gouvernement de Juillet*, t. II, 1854, livre XI.

au temps des Bénédictins. La fondation des écoles, des revues et des sociétés scientifiques eut des résultats immédiats. Puis, l'Allemagne était alors ardente à la gloire scientifique : on commençait à le savoir et à la jalouser; la France essaya de reprendre le premier rang, que quarante années de luttes politiques lui avaient fait perdre.

L'orientalisme n'a plus sans doute ces grands coups de surprise qui étonnèrent la génération précédente; mais les découvertes faites sont exploitées avec une admirable persévérance, et des gains imprévus sont faits par la science. Eugène Burnouf est là le maître reconnu : en 1834, il publie son *Commentaire sur le Yaçna*, qui est peut-être, dans l'histoire des études sur la langue et la religion des anciens Perses, la plus grande date de ce siècle; en 1844, son *Introduction à l'Histoire du Bouddhisme indien*. Il commence l'interprétation des inscriptions cunéiformes (1836). Champollion est mort (1832) trop tôt pour tirer parti de sa découverte. Mais l'égyptologie, qu'il a fondée, demeure une science éminemment française, grâce (depuis 1846) à Emmanuel de Rougé, « le second chef de l'école[1] ». Dans l'étude des langues orientales, Reinaud, Garcin de Tassy, Chézy continuent les leçons et la méthode de Sacy.

Une autre science où la France demeure alors maîtresse incontestée est la numismatique. C'est vers 1835 qu'elle commence, chez nous, à se dégager de ces catalogues où s'attardaient volontiers les numismates. Le Polonais Lelewel, que la France eut le tort de ne savoir pas adopter, établit des règles fort ingénieuses dans sa *Numismatique du moyen âge* (1835). Charles Lenormant, par son *Trésor de numismatique et de glyptique* (1834-50), et surtout Saulcy, la Saussaye, Charles Robert, par leurs mémoires d'une sagacité rare, fondent ou plutôt rétablissent en France la numismatique scientifique, un peu oubliée depuis la fin du xviiie siècle.

La paléographie et la diplomatique reprennent, assez lentement, les traditions laissées en France par Mabillon. Natalis de Wailly édite ses *Éléments de paléographie* (1838). Mais c'est surtout l'archéologie du moyen âge que l'on sent alors vivante et active. L'impulsion donnée par Lenoir et Chateau-

______

1. Maspero, à la fin de son *Histoire ancienne de l'Orient*. Voyez de ce dernier son article *l'Egyptologie au Collège de France*, 1898.

briand ne se fera jamais plus fortement sentir, continuée
qu'elle est par Vitet et Mérimée. Notons que Victor Hugo vient
de faire paraître (1831) *Notre-Dame de Paris*[1]. Caumont et
Quicherat enseignent; celui-là publie à Caen son *Cours d'antiquités monumentales*[2]. Didron, dans ses *Annales archéologiques* (1844 et s.), révèle périodiquement les merveilles d'art
de la France chrétienne; les Pères Cahier et Martin l'aident
vigoureusement; Du Sommerard imprime ses *Arts au moyen
âge* (1838-1846). Enfin Viollet-le-Duc prépare son grand *Dictionnaire* qui commencera à paraître dès 1854.

Sur deux points seulement, l'œuvre laissée interrompue, à
la fin du xviii° siècle, par les savants français n'était point
encore reprise, au grand avantage de la suprématie allemande:
les antiquités grecque et romaine. La réaction nationale, qui
les écartait peu à peu depuis 1802, leur nuisait toujours. Guigniaut, le traducteur célèbre de la *Symbolique* de Creuzer,
Dureau de la Malle, Letronne, Naudet, les jurisconsultes
Laboulaye et Laferrière, l'helléniste Brunest de Presle, en
étaient les principaux représentants. Mérimée s'essayait aux
Études d'Histoire romaine (1841). Un nouveau venu, M. Wallon,
donnait un bon livre sur *l'Esclavage dans l'antiquité* (1847).
Mais la fondation de l'École d'Athènes va préparer, pour
quelques années plus tard, un regain inespéré aux études
helléniques.

En 1789, le Français Séguier annonçait un recueil général
des inscriptions grecques et latines du monde entier. Villemain
ne réussit pas à faire reprendre cette œuvre. L'exploration
archéologique de l'Afrique romaine, que l'Etat fit commencer
en 1833, traîna pendant longtemps. Et en ce même moment
Bœckh poursuivait le *Corpus* des inscriptions grecques; l'Académie des Sciences de Berlin songeait à celui des inscriptions
latines; l'Institut de Correspondance archéologique, fondé
à Rome par des savants de tous les pays, se laissait diriger
par les plus actifs, c'est-à-dire par les Allemands[3]; et l'Italien
Borghesi était regardé par le monde entier comme le maître
incontesté de l'archéologie latine.

Toutefois, la « tradition romaine » de la France était reprise

---

1. Cf. ici, p. 3, n. 2.
2. 1830-1841. Repris dans ses
Abécédaires d'Archéologie (1850-
1862), aujourd'hui encore si lus
en province.
3. Cf. ici, p. 304.

alors par un jeune professeur de lycée, élève cher à Michelet[1], Duruy, qui, à l'âge de 32 ans, commença avec une noble imprudence une *Histoire romaine* (1843). N'oublions pas la date : en ce temps-là, M. Mommsen n'avait encore que 26 ans, et n'avait écrit que quelques mémoires.

Les deux premiers volumes de l'*Histoire romaine* de Duruy subissaient l'influence de Niebuhr et de Michelet : les questions de géographie, de race et d'institutions, y étaient largement traitées, mais avec de sages précautions contre le symbolisme; puis venait le récit, clair, vivant, d'une langue un peu molle et de couleurs assez ternes : — à tout prendre, avec le réel intérêt du livre, un progrès énorme, non pas sur Michelet, mais sur l'histoire traditionnelle enseignée dans les écoles; de plus, à cette date de 1843, un assez éclatant réveil donné en France aux études classiques.

Au reste, ce qui attirait Duruy, ce qui devait faire son originalité, c'était l'histoire de l'Empire romain. Nul ne l'avait tentée dans le monde depuis la fin du xviie siècle, où parut celle de Lenain de Tillemont, que le public lettré avait toujours ignorée. C'est une œuvre bien française qu'il fallait reprendre. Duruy, en 1848, avait achevé en manuscrit le troisième volume, qui traitait de la fondation de l'Empire[1].

1 Cf. ici, p. 463.

IV

1848-1870[1]

**1° DESTINÉES DES GRANDS HISTORIENS DE LA GÉNÉRATION DE 1830.
LA FIN DE MICHELET**

La révolution de 1848 commença, celle de 1851 acheva la dispersion de ces historiens qui, depuis près de 30 ans, avaient vécu de science, de calme et de confiance.

Chateaubriand mourut en 1848 ; Thierry, cette même année, cessa d'écrire : son *Histoire du Tiers État* était conduite jusqu'à la fin du règne de Louis XIV ; il laissa tomber sa plume[2], l'âme brisée par cette révolution populaire qui dérangeait ses théories historiques et ruinait ses amitiés politiques. Il avait cru l'histoire finie en 1830. Elle recommençait : il ne la comprenait plus. Il n'avait plus qu'à mourir. Son corps, disait-il, « s'en allait pièce à pièce ». En 1856, il mourut.

La révolution chassa Thierry de l'histoire ; elle y fit rentrer Guizot. De 1848 jusqu'à sa mort (1874), il se tint éloigné des affaires publiques ; les séances des Académies le rappelaient à Paris, mais il préférait la vie dans son domaine de Val-Richer, avec ses livres et sa famille. C'est là qu'il écrivit ses *Mémoires* et cette suite de l'*Histoire de la Révolution d'Angleterre* (1854-55), où il est impossible de noter une défaillance dans la méthode et dans le style : après 20 ans de vie publique, Guizot retrouvait ses talents historiques dans leur intégrité. Quand l'âge lui eut interdit les longues recherches nécessaires pour achever cette histoire, il dicta l'*Histoire de France racontée à ses petits-enfants*, qui fut sa dernière œuvre (1870-73). Sa vie s'encadre ainsi entre deux enseignements de l'histoire : il y avait soixante ans, en 1872, qu'il avait fait sa première leçon à la Sorbonne.

---

1. Voyez, sur l'état des études historiques dans cette période, les *Rapports sur les études histo-*riques (1867), de Geffroy, Zeller et Thiénot.

2. Cf. ici, p. 104.

Son ami d'autrefois, Barante, vivait, comme lui, dans la retraite et le travail. Il publiait, de temps à autre, des livres sur la Révolution[1], où l'on eût cherché en vain l'éclat des anciennes « enluminures ». Il mourut en 1866.

Thiers, chassé de France en 1851, n'y rentra que pour reprendre et achever son *Histoire de l'Empire*. Il fit effort pour demeurer impartial et pardonner au fondateur du régime napoléonien ce que lui avait fait souffrir le restaurateur de l'Empire. Quoi qu'on en ait dit, il l'a été. Sans doute, dans les livres parus de 1855 à 1862, la parole est plus acerbe, l'éloge plus rare. Napoléon avait été à ses yeux, jusque-là, « les délices de son pays et l'admiration du monde »; il est, maintenant, surtout l'homme « à l'insatiable orgueil ». Mais on songe que Thiers a repris son histoire à la date de 1808, qui est l'année où commencent les folies de Napoléon, et on peut croire que c'est l'étude du passé et non la rancune du présent qui explique la volte-face de l'historien. Aussi bien, dit-il en terminant, quand le peuple a perdu sa liberté (en 1851 ou en 1799, il ne le dit pas), il est le premier coupable, et ses fautes ou sa lâcheté expliquent le despotisme de ses maîtres :

« Qui donc eût pu prévoir que le sage de 1800 serait l'insensé de 1812 et de 1813 ? Oui, on aurait pu le prévoir, en se rappelant que la toute-puissance porte en soi une folie incurable, la tentation de tout faire quand on peut tout faire, même le mal après le bien. — Ainsi, dans cette grande vie où il y a tant à apprendre pour les militaires, les administrateurs, les politiques, que les citoyens viennent à leur tour apprendre une chose, c'est qu'il ne faut jamais livrer la patrie à un homme, n'importe l'homme, n'importent les circonstances ! En finissant cette longue histoire de nos triomphes et de nos revers, c'est le dernier cri qui s'échappe de mon cœur, cri sincère, cri que je voudrais faire parvenir au cœur de tous les Français, afin de leur persuader à tous qu'il ne faut jamais aliéner sa liberté, et, pour n'être pas exposé à l'aliéner, n'en jamais abuser[2]. »

Puis, son *Histoire* finie, il rentra peu à peu dans la politique (1863), qui ne le quitta plus.

Michelet est peut-être celui qui souffrit le plus : la réaction catholique de 1849 fut pour lui, comme pour tous les libéraux de son temps, un désastre intime. Puis vinrent les persécutions

1. *Histoire de la Convention,* 1851; *Histoire du Directoire,* 1855. | 2. Dernier mot de l'ouvrage, écrit en 1862, je crois.

politiques : en 1851, il perd sa chaire au Collège de France, en 1852 sa place aux Archives. Le travail le console à peine : il a hâte de terminer son *Histoire de la Révolution* et l'arrête, brusquement et sans conclusion naturelle, au 9 Thermidor (1853). On sent qu'à lui, comme à Thierry, l'histoire n'apporte plus que défiance ou regrets.

Il revint pourtant, deux ans après, à son *Histoire de France*, interrompue en 1844, par son livre sur la *Renaissance*. Mais Michelet n'a plus, dans ses nouveaux volumes, le chaud enthousiasme des premiers. Lui qui admirait sans cesse, désormais, plus volontiers, grincera des dents. Sa *Renaissance* est tout aussi bien une attaque sauvage contre le moyen âge qu'une apologie du XVIᵉ siècle. Sa *Réforme* est d'une émotion puissante, mais trop continue, et qui sent l'apothéose voulue. Les volumes sur la royauté sont un long dénigrement. Décidément le polémiste l'emporte : le voyant est devenu halluciné. Michelet raconte de moins en moins; on devine qu'il a moins lu ses sources, ou qu'il les a mal lues[1], qu'il se perd dans la multiplicité des documents, qu'il préfère apprécier plutôt qu'exposer, conclure d'un seul fait qu'amasser des preuves. Et avec tout cela, nul ne lira ces pages, même les dernières (1867), sans en emporter la conviction profonde que cet homme-là, au milieu de tous ses défauts, demeurait le génie même de l'histoire : je prends l'expression qui lui était chère.

Du reste la foi lui revenait : il était trop foncièrement bon, trop tenace dans l'espoir pour douter longtemps de l'avenir. Ses livres de *l'Amour*, de *la Femme*, ses écrits descriptifs sur *l'Insecte*, *la Montagne*, *la Mer*, *l'Oiseau* (le plus beau de tous), le bonheur domestique qui lui fut rendu, firent à Michelet une nouvelle vie. Quand en 1869 il écrivit la préface de son *Histoire de France*, il parla de son œuvre avec un orgueil légitime et un jugement équitable[2]. De nouveau, après 1870, le deuil de la France, les fatigues de l'âge le mirent à bas. Si en trois ans il écrivit trois volumes de son *Histoire du XIXᵉ siècle*, cette fois la décadence est irrémédiable. Il mourut la même année que Guizot, en 1874, à soixante-seize ans.

---

1. « Michelet dit : « Voyez de Luynes, voyez d'Argenson. » Nous avons vu d'Argenson, nous avons vu de Luynes. Ils ne disent rien de ce qu'en tire Michelet. » (Thiénot dans les *Rapports* pour l'exposition de 1867, p. 178.)

2. Cf. ici, p. 312.

« Michelet », a dit l'historien qui l'a le plus connu et qui est demeuré le plus fidèle à sa mémoire, M. Gabriel Monod [1], « n'a pas formé plus d'élèves par ses livres que par son enseignement. Il a laissé des chefs-d'œuvre à admirer, il n'a pas laissé de modèles à imiter.

« Sans doute, il a mis en lumière des côtés de l'histoire, des points de vue négligés avant lui. Il a donné la place qu'elle méritait à la peinture des mœurs et des caractères, et il a montré combien les documents les plus secs peuvent devenir instructifs pour qui sait les interroger; il a insisté sur l'influence, jusque-là négligée, des causes physiologiques et pathologiques en histoire, et ouvert aux investigations une voie nouvelle très dangereuse il est vrai, mais fertile en découvertes curieuses. Il a marqué tous les sujets qu'il a traités, d'une empreinte ineffaçable; il est impossible à ceux qui s'en occupent après lui, de négliger ce qu'il a dit, et il est bien rare qu'il n'ait pas éclairé d'un trait de flamme quelque point obscur, qui, sans lui, serait resté dans l'ombre.

« Néanmoins il ne peut servir de guide; il faut toujours le contrôler, le rectifier, et très souvent le contredire. Il voit avec une puissance extraordinaire, mais il ne voit pas tout, et il ne voit pas toujours juste. Il n'a pas la précision scientifique, la méthode, l'unité de plan et d'idées qui sont nécessaires pour devenir le chef d'une école historique. »

L'influence de Michelet a été plus grande cependant que ne le pense M. Monod. Directement, elle a agi sur Chéruel, sur Duruy, sur bien d'autres de ses élèves immédiats, sur Renan enfin. Et si Renan, avec des tendances semblables à celles de Michelet, a pu éviter quelques-uns de ses défauts, c'est grâce aux précieux avertissements d'Augustin Thierry [2]. Indirectement, je crois, cette action de Michelet a agi sur Fustel de Coulanges [3]. C'est dans ses livres que celui-ci a appris l'histoire; son meilleur maître, Chéruel, a été un des meilleurs élèves de Michelet. Fustel et Michelet, au fond, ont la même manière de juger l'histoire et ont combattu les mêmes ennemis. Tôt ou tard on reconnaîtra que le rôle de Michelet dans notre littérature historique a été plus étendu, plus durable qu'on ne veut l'avouer. D'autres, Guizot, Fustel, ont mis dans l'histoire plus de vérités; aucun n'y a mis plus de sentiments et plus d'images, sans doute. Mais nul historien n'aura mieux compris l'histoire, donné plus de sensations profondes, laissé une gloire plus complète.

1. *Renan, Taine, Michelet*, p. 180. | *de la Science*. Cf. ici, p. LIX. n. 1.
2. Cf. la préface de *l'Avenir* | 3. Voyez plus loin, p. CII et CXXI.

Nous avons parlé de Mignet, celui dont toutes ces crises politiques changèrent le moins la vie. Quinet, qui avait abandonné le Collège de France en 1846, dut quitter la France en 1851 et, comme Victor Hugo, ne termina sa vie d'exil que dix-huit ans plus tard[1]. Tocqueville, un instant emprisonné en 1851, vécut désormais loin de la vie publique et mourut, prématurément, en 1859.

Quinet et Tocqueville, les plus jeunes d'ailleurs de cette génération, durent à ces années de retraite leurs meilleures œuvres ; et, chose singulière, ces œuvres semblent se compléter l'une l'autre.

2° TOCQUEVILLE, « L'ANCIEN RÉGIME ET LA RÉVOLUTION »

Le livre de Tocqueville est, avec *la Cité Antique*, l'œuvre historique la plus originale et la mieux faite que le xixe siècle ait produite. Elle est la mieux faite, car on y trouve trois qualités maîtresses : la conscience, l'intelligence et l'habileté. — *La conscience* : elle est fort courte, elle renferme 300 pages de texte, d'une impression large, elle n'a point de notes, seulement des appendices ; ce volume a suffi à Tocqueville pour exposer l'état des esprits, des institutions, de la société, sous les règnes de Louis XV et de Louis XVI. Mais qu'on ne croie pas qu'il se soit borné à analyser des livres de seconde main : il est allé aux sources, et en particulier à celles qui étaient alors le moins abordables, les documents officiels, les archives des intendants ; il a lu les milliers de pétitions adressées aux chefs tout-puissants des provinces ; et il a vu ce que les moindres gens pensaient et désiraient. De tout cela il a condensé son livre. Une seule assertion est le résultat de cent ou de mille textes. Tel chapitre de 20 pages est le produit de plus d'un an de recherches. — *L'intelligence* : Tocqueville n'a accepté aucune des idées courantes en son temps sur la Révolution ; nul auteur, dans ce siècle, ne s'est plus complètement abstrait de la tradition ; nul livre n'a moins d'antécédents directs[2] et dans toute la littérature historique on n'en trouverait pas (la *Cité Antique* excepté) dont les

---

1. Mme Quinet, *Quinet depuis l'exil*, 1889.

2. Sauf Lemontey, conférez p. x.

théories reposent moins sur des théories antérieures. Or, sur presque tous les points, cet ouvrage, qui a dû paraître une œuvre de contradiction, amène et fonde le vrai. Peu d'auteurs ont deviné avec plus de flair le caractère d'une révolution, la marche d'une institution : « .... La Révolution, dit-il, a procédé à la manière des révolutions religieuses ; la centralisation administrative et la prédominance de Paris sont l'œuvre de l'ancien régime ; le morcellement de la propriété est antérieur à 1789 ; la royauté française avait favorisé l'égalité des hommes ; le règne de Louis XVI fut une époque de grande prospérité matérielle ; la philosophie devint alors une puissance politique et quasi religieuse.... » Toutes ces idées, que d'énormes publications de documents sont venues sans cesse confirmer, nous sont aujourd'hui à peu près familières. C'est Tocqueville qui les a insérées dans notre histoire. — *L'habileté* : aucun effet littéraire chez lui, même le style est pénible parfois (et c'est la seule faiblesse qui fait placer ce livre au-dessous de celui de Fustel), mais il montre un art consommé en présentant les faits dans chaque chapitre de manière à préparer l'idée qui les résume, et en groupant ces chapitres, c'est-à-dire les idées, de façon à amener la conclusion définitive de l'ouvrage. Voici le début :

« Il n'y a rien de plus propre à rappeler les philosophes et les hommes d'Etat à la modestie que l'histoire de notre Révolution : car il n'y eut jamais d'événements plus grands, conduits de plus loin, mieux préparés et moins prévus. »

Moins prévus : c'est là l'objet du Ier livre ; *conduits de plus loin* : c'est ce qu'explique l'étude du régime administratif de la France (la royauté conduisant elle-même le peuple à l'égalité ; livre II) ; *mieux préparés* : c'est ce que prouve la situation religieuse, philosophique, matérielle du royaume sous Louis XVI (développement du goût pour la liberté). Et voici la conclusion :

« Ceux qui ont étudié attentivement la France au xviiie siècle, en lisant ce livre, ont pu voir naître et se développer dans son sein deux passions principales, qui n'ont point été contemporaines et n'ont pas toujours tendu au même but.

« L'une, plus profonde et venant de plus loin, est la haine violente et inextinguible de l'inégalité. Celle-ci était née et s'était nourrie de

la vue de cette inégalité même, et elle poussait depuis longtemps les
Français, avec une force continue et irrésistible, à vouloir détruire
jusque dans leurs fondements tout ce qui restait des institutions du
moyen âge, et, leur terrain vidé, à y bâtir une société où les hommes
fussent aussi semblables et les conditions aussi égales que l'humanité
le comporte.

« L'autre, plus récente et moins enracinée, les portait à vouloir
vivre non seulement égaux, mais libres.

« Vers la fin de l'ancien régime, ces deux passions sont aussi sincères
et paraissent aussi vives l'une que l'autre. À l'entrée de la Révolution,
elles se rencontrent; elles se mêlent alors et se confondent un moment, s'échauffent l'une l'autre dans le contact, et enflamment à la
fois tout le cœur de la France. Alors les Français furent assez fiers de
leur cause et d'eux-mêmes pour croire qu'ils pouvaient être égaux
dans la liberté. Au milieu des institutions démocratiques, ils placèrent
donc partout des institutions libres. »

3° QUINET, « LA RÉVOLUTION[1] »

Le livre de Quinet sur *la Révolution*, paru seulement dix ans
plus tard, en 1865, était en partie écrit dès 1854. A la première lecture, il semble l'antipode de celui de Tocqueville.
Celui-ci est d'une froideur parfois désespérante, celui-là d'une
passion souvent irritante. Le style de Tocqueville est d'un
logicien, ferme, nu, un peu lent, sans image et sans secousse;
celui de Quinet est bouillant, saccadé, rempli de métaphores,
il est poète et prophète : « Les massacres de septembre »,
dira-t-il, « ce fut la robe rouge de Nessus aux flancs du
peuple-Hercule. » Quinet parle en protestant et en révolutionnaire, Tocqueville en catholique et en royaliste.

Cependant les deux livres sont inséparables; ce sont les
premiers essais sérieux et méthodiques pour refaire *l'histoire
critique* de la Révolution et des luttes de parti, et retrouver, en
dehors des grands acteurs, l'esprit des institutions et la marche
des idées. Tous deux sont la rupture définitive avec « ces gens
qui considèrent la Révolution comme une tragédie classique de
l'ancien répertoire ». Quinet doit beaucoup à Tocqueville : il
ne consacre que quelques mots à l'ancien régime, et on sent

1. Entre les *Révolutions d'Italie* et la *Révolution française,*
Quinet écrivit dans son exil, en 1854, une *Histoire de la fondation de la République des Pro-
vinces-Unies.*

qu'il s'y inspire de son prédécesseur. Il l'appelle « un écrivain fait pour tout éclairer d'une lumière screine, impartiale ». Le groupement de l'ouvrage de Quinet en livres et en chapitres, la façon de rédiger les titres de certains chapitres, rappellent l'*Ancien Régime* et la *Révolution*. Leur méthode de travail à tous deux est la même : une série de considérations qui se déduisent logiquement l'une de l'autre, appuyées sur quelques faits saillants ou sur des textes caractéristiques ; et partout, le dédain absolu des récits convenus ou des théories traditionnelles. Tocqueville arrête son livre aux vœux des États : c'est par là que Quinet commence le sien. L'écrivain royaliste voulait terminer son ouvrage par une étude sur *la Société née de la Révolution* : c'est le titre du dernier livre de Quinet.

Enfin, si Tocqueville eût parlé de la Révolution, ses jugements (surtout en ce qui concerne les hommes) eussent été fort différents de ceux de Quinet ; ses conclusions eussent été peut-être identiques.

Les deux thèses principales que soutient Quinet sont celles-ci : — la Révolution, par faiblesse et par incohérence, a toujours échoué dans ses tentatives religieuses, qui ne sont que des avortements successifs ; — la Terreur n'était point nécessaire, elle ne fut point utile, elle était la négation même de la Révolution :

« Il y a incompatibilité absolue entre les moyens de 93 et le but, entre les barbaries jacobines et la philosophie du xviiie siècle, entre la théorie et la pratique, entre la forme et le fond, entre l'instrument et l'idée. »

Tocqueville n'eût point pensé différemment ; à peine se serait-il exprimé d'une manière moins solennelle.

Comme Tocqueville, Edgar Quinet recherche dans la Révolution « les précédents » et les transitions :

« La Terreur a été le legs fatal de l'histoire de France. On a ramassé l'arme du passé pour défendre le présent. Les cages de fer et Tristan l'Hermite de Louis XI, les échafauds de Richelieu, les proscriptions en masse de Louis XIV, voilà l'arsenal où a puisé la Révolution. Par la Terreur. les hommes nouveaux redeviennent subitement, à leur insu, des hommes anciens. »

Sous ces phrases légèrement déclamatoires, Quinet aurait

pu placer des citations caractéristiques : quand le peuple de
1793, disent des contemporains, voyait les mystérieuses arres-
tations des victimes, il se rappelait celles auxquelles il avait
assisté sous l'ancien régime ; il pensait : *Cela vient d'en haut*,
ne comprenait pas et se résignait.

Ces deux livres ont donc encore ceci de commun et de profondément historique, qu'ils retrouvent, même dans les révolutions, la persistance suivie des tendances, des institutions
et des habitudes du passé : les crises comptent peu en
histoire, les transformations se font lentement, dans les lois
comme dans les croyances et comme dans les mœurs. « Le
passage d'un état à un autre », écrivait Sénèque, « ne se
fait jamais tout. d'un coup » : *non fit statim ex diverso in
diversum transitus*[1]. Cette parole de l'écrivain latin sera
désormais la devise d'une nouvelle génération d'historiens, la
troisième depuis 1815.

4° RENAN, TAINE, FUSTEL DE COULANGES ; SOUS QUELLES INFLUENCES ILS SE SONT FORMÉS

Les trois œuvres maîtresses de cette nouvelle génération
parurent à quelques semaines de distance : la *Vie de Jésus* en
juin 1863 ; l'*Histoire de la Littérature anglaise*, en décembre
1863 ; *la Cité Antique*, en octobre 1864. Même aux beaux jours
de la Restauration (1823-1825), on n'avait vu, avec une telle
simultanéité, apparaître tant de chefs-d'œuvre. Voyons sous
quelles influences, fort diverses en apparence, ces trois livres
furent écrits.

Ernest Renan était, de quelques années à peine, l'aîné de
ces trois écrivains : il était né à Tréguier en Bretagne, en
1823. Comme Taine et comme Fustel de Coulanges, il avait vécu
en dehors de toute lutte politique ; leur vie à tous trois avait
été jusque-là uniquement de réflexions intimes, de recherches
désintéressées, et, suivant l'expression de Michelet, du travail
de l'esprit sur lui-même. Il n'y a pas eu, dans leur vie, ni de
ces « éclairs de Juillet », comme ceux qui frappèrent Michelet
1830, ni de ces luttes pour la liberté, comme celles qui

[1]. *Questions naturelles*, II, XIV.

firent de Thierry un historien. Venus tous trois à une époque
de silence politique, de dépression publique, ils consacrèrent
à la pure science les forces de leur jeunesse ou les aspirations de leur esprit. « Depuis 1852[1] », écrivait Renan, « je
suis devenu tout curiosité : nous devons nous abstraire de la
politique. » Ils firent de la science pour la science, comme
Flaubert et tant d'autres à la même date, et pour les mêmes
causes, faisaient de l'art pour l'art.

Le vrai maître de Renan, celui qui le dirigea vers la voie
qu'il ne quittera plus, fut le Père Là Hir, son professeur au
séminaire de Saint-Sulpice (1843-1845), orientaliste et philologue
de premier ordre. Là Hir lui donna ses premières leçons
d'hébreu, lui apprit la théorie comparée des langues sémitiques, et dès lors la vocation de Renan fut arrêtée :

« M. Là Hir », a écrit Renan, « fixa ma vie; j'étais philologue
d'instinct. Je trouvai en lui l'homme le plus capable de développer
cette aptitude. Tout ce que je suis comme savant, je le suis par
M. Là Hir. »

Mais à cet enseignement méthodique, précis et minutieux
s'ajouta ce goût de la philosophie théologique que son éducation et son milieu lui avaient insensiblement imposé. Renan
demeura toute sa vie moraliste, mystique et prédicateur : et
ces deux tendances d'apparences si opposées, l'onction du
prêtre et la dialectique du grammairien, apparurent unies
pour la première fois dans des œuvres historiques.

Sorti de Saint-Sulpice en 1845, les seuls événements de sa
vie seront désormais ses livres et ses leçons. Il complète ses
recherches grammaticales par les études de science pure,
dont la méthode précise le séduisit toujours. Il passe ses exa-
mens jusqu'au doctorat; il est attaché à la Bibliothèque Nationale; puis, en 1862, professeur au Collège de France. C'est
la vie calme d'un universitaire studieux.

Dès le début de sa vie scientifique, il mêle la philosophie et
l'histoire à la philologie pure. Ce qu'il y a de remarquable
dans son *Histoire des langues sémitiques*[2], c'est l'heureuse
habileté avec laquelle il fait intervenir, pour comparer les
idiomes, l'histoire sociale et morale des peuples orientaux;

---

1. Voy. Monod, *Renan, Taine, Michelet*, p. 14.

2. Écrite en 1847, couronnée par l'Institut, parue en 1855.

même pour un profane, ce livre offre un intérêt séduisant, et le style en a déjà la grâce élégante de la *Vie de Jésus*. Le livre sur *Averroès* (1852) rappelait que Renan avait fait, au séminaire, des études sérieuses de philosophie. Le philologue et le philosophe s'unirent encore dans l'*Origine du langage* (1848). L'on pouvait déjà deviner que ces deux éléments combinés, la philologie et la philosophie, feront de Renan l'historien des religions d'origine sémitique. — Il tentera, toute sa vie, la conciliation de ces deux choses si différentes : « l'esprit religieux » et « l'esprit critique ». Il partira de l'exégèse du texte tout aussi bien que de la rêverie mystique. Les *Origines du christianisme* sont faites à la fois de pure philologie et d'idéalisme subtil.

En 1860, il songeait déjà, je pense, à écrire l'histoire du christianisme : il fit à cette date son voyage en Phénicie, d'où il rapporta une ample moisson de documents archéologiques et l'ébauche de sa *Vie de Jésus*.

Pourtant, à côté de l'influence que Renan reçut de son éducation, il faut ajouter que le goût du temps était à l'histoire religieuse ; dans une certaine mesure, Fustel de Coulanges et Renan ont, en écrivant leurs deux grands livres, je ne dis pas sacrifié, mais répondu à ce goût.

Je ne doute pas qu'il ne nous soit venu de l'Allemagne. Il commence en France avec la traduction, faite par Guigniaut, de la *Symbolique* de Creuzer (1825 et s.) : cette traduction eut un retentissement considérable, et de ce livre sont nés en partie les chapitres de Michelet sur la religion romaine et les beaux tableaux de Quinet sur les religions anciennes[1]. En 1842, Quinet avait publié son *Génie des religions*[2]. Le sentiment religieux, totalement méconnu au xviiie siècle, reprend son rang dans l'histoire sociale. Tocqueville le considère pour une bonne partie comme l'origine de la démocratie américaine. Puis, vers 1848, ce mouvement d'histoire religieuse se dédouble ; les études se dégagent peu à peu du symbolisme, des généralités philosophiques, du concept de l'humanité, pour devenir plus précises, recourir aux textes, les discuter, connaître les faits avant d'établir les lois. — D'une part, les

---

1. Cf. ce que dit à ce sujet Renan, *Études d'histoire religieuse*, p. 1 et suiv.

2. En 1837, de Beugnot, *Histoire de la destruction du paganisme en Occident*.

études sur le christianisme des historiens orthodoxes, bien conduites et noblement pensées : les premiers livres de M. de Broglie sur *l'Église et l'Empire romain* (1856), celui de Pressensé sur *l'Histoire des premiers siècles de l'Église* (1858), ceux de Champagny sur les empereurs romains (1843-1870). — D'autre part, une série d'écrivains précis, judicieux, littérateurs de goût et critiques sûrs, faisaient l'histoire du sentiment religieux dans l'antiquité : Alfred Maury donnait son *Histoire des religions de la Grèce antique* (1857-1859), Denis, son *Histoire des théories et des idées morales de l'antiquité* (1856), Ménard, sa *Morale avant les philosophes* (1860). Ce double mouvement devait aboutir d'une part à Renan, et de l'autre à *la Cité Antique*[1].

La vie de Fustel de Coulanges (né en 1830) avait jusque-là présenté plus de calme encore que celle de Renan : aucun orage intérieur; la vocation historique, née tout naturellement à l'École Normale, affirmée à l'École d'Athènes, paisiblement entretenue et dirigée par l'enseignement dans les Lycées et les Facultés. Quant à l'éducation scientifique, elle est faite surtout par la lecture des textes latins et grecs et par l'étude des inscriptions grecques. Le premier travail d'érudition est le mémoire sur l'île de Chio (1857), fort original déjà par le goût prononcé des institutions et l'excellence du style. Puis les deux thèses de doctorat (1858) : l'une sur Polybe, où l'auteur montre comment l'aristocratie grecque accepta la domination de Rome et de son aristocratie; l'autre sur le culte de Vesta, où il présente la transformation en culte public de la cité le culte tout domestique du foyer. Dès ces deux livres, on peut pressentir *la Cité Antique* : au début, le culte du foyer, puis la lutte des démocraties contre les aristocraties, à la fin la fusion des cités dans Rome. Comme influences historiques, on devine, chez Fustel de Coulanges, d'abord celle de Montesquieu (l'étude des formes de gouvernement), peut-être celle de Michelet, et, bien davantage, celle de Tocqueville (le rôle du sentiment religieux dans la vie de la société). Il ne serait

1. On trouvera une histoire de ces études dans la préface du *Christianisme et ses origines*, de Havet. Rappelons que ce mouvement est continué après *la Cité Antique* par les ouvrages de M. Boissier et de Martha, que nous citerons plus loin, et de M. Jules Girard, *le Sentiment religieux en Grèce*, 1868.

pas étonnant que *l'Ancien Régime* eût eu une action décisive
sur le talent de Fustel : dans *la Cité Antique* nous retrouve-
rons la même manière d'exposer, la même allure inductive,
et le même désir de ramener un livre à deux ou trois idées
directrices.

La carrière de Taine (né en 1828) était un peu plus agitée
que celle de Fustel, son cadet à l'École Normale : il était reçu
docteur en 1853, à l'âge de vingt-cinq ans, avec son livre sur
les Fables de La Fontaine. Puis, pendant ses années d'enseignement, souvent interrompues par la maladie ou la disgrâce,
il publia tour à tour son *Essai sur Tite-Live* (1856), ses *Études
sur les philosophes français du* XIXe *siècle* (1857), son *Histoire
de la littérature anglaise* (1863), ses *Études sur la philosophie
de l'art* (1865 et suiv.).

Taine semblait partagé entre deux carrières : la critique littéraire et la philosophie. Mais en réalité il ne procédait pas
autrement pour analyser ses philosophes, ses écrivains, les
facultés de l'intelligence et les passions des révolutions. Pour
tout expliquer, il eut de très bonne heure sa formule, à laquelle
il ne renoncera jamais, qu'il s'agisse de l'âme d'une nation
ou de l'âme d'un individu :

« Une âme a un mécanisme comme une plante, elle est une matière de science, et, dès qu'on connaît la force qui la fonde, on pourrait, sans décomposer ses œuvres, la reconstruire par un pur raisonnement [1]. »

L'histoire est tour à tour une anatomie et une mécanique
psychologiques. Pour découvrir les facultés et le fonctionne-
ment de ces âmes, la critique historique ou littéraire a des
moyens aussi sûrs que les sciences physiques et naturelles.
Retrouvez les conditions de pays, de climat, de race, de milieu,
d'éducation, d'habitudes dans lesquelles un homme a vécu, et
vous en déduirez à coup sûr la nature de son talent et de ses
œuvres, et, dans les diverses manifestations de sa vie, vous
constaterez la *faculté maîtresse*, cause et conséquence à la
fois. C'est, par exemple, pour Tite-Live le « génie oratoire ».

Le point de départ de Taine est donc la psychologie. Quoi
qu'il doive écrire, il sera avant tout un observateur et un

1. *Essai sur Tite-Live.*

analyste d'âmes et de tempéraments. Et comme, d'autre part, il y a solidarité entre l'esprit et la matière, les études purement scientifiques trouveront leur place en histoire. « Le vice et la vertu sont des produits comme le vitriol et le sucre [1]. » Pour connaître le peuple anglais, demandons-nous de quoi il se nourrit, sous quelles actions d'air extérieur et de suc gastrique il pense, travaille et jouit. — L'influence scientifique de la physiologie et de l'histoire naturelle est chez Taine infiniment plus grande que chez aucun de nos historiens. Pour faire de la psychologie, il a suivi des cours de médecine. Il s'instruit avec passion auprès des aliénistes. Il s'inspire de leurs méthodes.

Si diverses qu'aient été les influences subies et les aspirations intimes, si contradictoires que soient leurs façons de penser et d'écrire, ces trois hommes ont fait de l'histoire en procédant de la même manière : par l'étude minutieuse des facultés, des documents ou de la langue. Ils ont été les représentants en histoire de l'*école réaliste*, qui remportait alors ses premières victoires [2]. L'un est surtout théologien, l'autre surtout psychologue, Fustel, surtout politique ; tous ont la même méthode. Comme les romanciers et les peintres de leur temps, comme Flaubert et Millet, ces nouveaux historiens s'attachent à la vérité du document, à la sincérité de l'expression : la critique des textes fut chez eux ce qu'était chez ceux-là l'observation de la nature. D'eux on peut presque dater le triomphe définitif de l'histoire critique [3]. « Aujourd'hui », écrivait Taine en 1863, « l'histoire comme la zoologie a trouvé son anatomie [4]. »

<hr>

5° TAINE, L' « ESSAI SUR TITE-LIVE » ET « LA LITTÉRATURE ANGLAISE »

Si Taine a consacré une étude à Tite-Live et une histoire à la littérature anglaise, ce n'est pas qu'il ait une curiosité particulière du peuple anglais et de l'écrivain romain : il les a choisis

1. *Littérature anglaise.*
2. Cela a été très bien vu par Monod, *Renan*, etc., p. 138.
3. L'auteur du rapport de 1867, Thiénot, disait : « Si l'art a perdu [cela est douteux : l'art est aussi grand chez Renan que chez Thierry], la science a gagné. C'est dans la méthode historique que s'est révélé le progrès. »
4. *Littérature anglaise, préface.*

pour justifier, à leur propos, ses théories de psychologie historique ; ce sont, pour lui, moins des objets de recherches que des exemples de démonstration.

L'*Essai sur Tite-Live*[1] est la première manifestation bien nette de la méthode historique que Taine conservera jusqu'à la fin de sa vie.

L'histoire est, pour lui, plutôt que la science des faits, celle des âmes, ou mieux encore la recherche des états d'âme, et des peuples et des individus. Aussi bien n'y a-t-il pas grande différence entre le caractère d'un homme et d'une nation. La définition qu'on peut donner du talent de Tite-Live tient dans une formule qui conviendrait sans peine au peuple romain tout entier :

« Son génie oratoire conforme à son caractère, qui est celui d'un citoyen et d'un honnête homme, romain comme son caractère, explique le reste. »

Ce même procédé, Taine l'appliquera au peuple anglais : il montrera, dans la *Littérature*, comment du climat, de la race, de la conquête sont dérivés son tempérament et son histoire. Montesquieu les avait déduits surtout de lois politiques, Taine les déduit surtout de lois physiques :

« J'ai choisi l'Angleterre, parce qu'étant vivante encore et soumise à l'observation directe, elle peut être mieux étudiée qu'une civilisation détruite dont nous n'avons plus que les lambeaux, et parce qu'étant différente, elle présente mieux que la France des caractères tranchés aux yeux d'un Français. D'ailleurs il y a cela de particulier dans cette civilisation, qu'outre son développement spontané, elle offre une déviation forcée, qu'elle a subi la dernière et la plus efficace de toutes les conquêtes, et que les trois données d'où elle est sortie, la *race*, le *climat*, l'*invasion normande*, peuvent être observées dans les monuments avec une précision parfaite. »

De telles théories et de telles propositions sont, pour la vraie méthode historique, un grave danger : de tous les historiens du XIXe siècle, Taine est celui qui a peut-être fait courir à l'histoire le plus de périls. Certes il a eu raison de dire, comme l'avaient dit Montesquieu, Thierry ou Michelet, que le climat, la race ou le sol sont des éléments primordiaux de toute étude historique, mais le caractère d'un peuple ne s'en déduit pas nécessaire-

1. Présenté à l'Institut en 1853, paru en 1856.

ment, et Taine oublie les mille circonstances, connues ou inconnaissables, qui font *dévier* les destinées d'une nation. A son compte, il n'y aurait dans le monde qu'un petit nombre de *catégories* humaines, car, en somme, les divers éléments dont il parle ne se prêtent pas à des combinaisons infinies, et les *facultés maîtresses* ne sont point si nombreuses chez les peuples et chez les individus. — Après tout, ne serait-ce pas la vraie pensée de Taine? Il constate, dans son *Essai*, que, de son temps, on a refait l'histoire de toutes les provinces romaines : « Le Grec, le Romain, l'Espagnol, l'Égyptien, le Numide sont entrés dans l'histoire avec leur physionomie propre. » Est-ce un progrès? Il semble bien qu'il ne le croit pas : « Cette recherche des traits particuliers », ajoute-t-il, « finit par changer l'histoire en une suite d'anecdotes. » Et par cette boutade, voilà tout le travail d'érudition condamné au nom d'une prétendue science de psychologie générale.

Si Taine fait bon marché (au moins dans ses excès d'esprit) des résultats de l'histoire, il s'exagère étrangement la précision scientifique de l'*anatomie* ou de la critique historique, et cette confiance a été un autre danger, pour lui comme pour ses élèves.— Il est impossible, quoi qu'on en ait dit, de comparer le texte ou le document au fait scientifique, observé ou expérimenté. Le document est œuvre d'homme, et échappe à la précision mathématique, comme tout produit de l'âme humaine : il peut être incertain ou mensonger, et souvent même on ne le saura jamais. Vous appuyez votre dire sur un texte de Tacite, mais, pour bien juger ce texte, il faut d'abord connaître Tacite, ses opinions et ses tendances, et vous ne les connaîtrez que par d'autres textes qui vous offriront les mêmes difficultés. A force de critique, vous arriverez sans doute à des probabilités infinies; à la certitude mathématique l'histoire doit renoncer. Ses procédés sont scientifiques, mais d'une application si délicate, qu'il n'est historien au monde dont la main ne doive trembler.

Taine est trop sûr de lui et de ses textes. Ni dans son *Tite-Live* ni dans sa *Littérature* il ne jaugera ses documents et ne contrôlera ses impressions avec la défiance nécessaire. Certains passages résistent peu à la chicane. On connaît le beau portrait des Saxons au début de sa *Littérature* : « Sous cette barbarie native, il y avait des penchants nobles, inconnus au peuple romain » : je cherche le texte, et je trouve une phrase de Grimm. « Même dans leurs villages », continue-t-il, « leurs chaumières ne se touchent pas ; ils ont besoin d'indépendance et d'air libre. » Cela est du Tacite : mais chez quel peuple sauvage, laotien ou malgache, sans parler des premiers Latins ou de l'Attique avant Thésée, ne trouve-t-on pas des chaumières ainsi construites, et que peut-on en conclure pour l'humeur des peuples ?

Taine, qui s'est rendu compte un des tout premiers de cette *anatomie* de l'histoire, n'a pas eu pendant longtemps l'aptitude à la faire ; qu'on nous pardonne notre franchise, il a manqué de l'éducation historique.

En revanche, l'*Essai sur Tite-Live* renferme une admirable définition de l'histoire, à laquelle on ne peut rien ajouter ni rien retrancher :

« Que l'histoire, pareille à la nature, touche le cœur et les sens en même temps que l'intelligence. Que le passé, reconstruit par la raison, ressuscite devant l'imagination. Jusqu'ici nous n'avions que des matériaux inertes et des lois inactives. Les voilà qui se meuvent au souffle divin de l'âme. La science devient art....

« L'artiste dans l'historien n'est pas séparé du savant. Les deux génies s'entr'aident, ou plutôt il n'y en a qu'un, qui tantôt prépare et raisonne, et, appliqué deux fois au même objet, y découvre, par la même clairvoyance, d'abord la vérité, puis la vie[1]. »

Certes l'histoire est un art autant qu'une science, et elle est un art un peu à cause de la délicatesse infinie de ses procédés scientifiques. — Chez Taine, la science est nombreuse, complexe et parfois de mauvais aloi. L'art, sans être très varié, est incomparable. Son tableau du peuple anglais, son étude sur l'Angleterre de *la Restauration* (après 1660) et sur l'Angleterre de *la Révolution* (1688) sont des morceaux historiques de premier ordre. Faux peut-être à certains endroits, ils sont en tout cas présentés avec une esthétique oratoire incomparable ; le raisonnement n'y est point sûr, la description y est parfaite. Taine n'est pas un dialecticien, c'est un avocat de premier ordre, et Cicéron se fût singulièrement délecté de

---

1. Cf. Taine, *Essais de critique et d'histoire* (3ᵉ édit., 1874), p. 111 (1855) : « L'histoire est un art..., elle demande à l'écrivain l'inspiration..., elle a pour ouvrière l'imagination créatrice... ; il faut que ses peintures soient aussi vivantes que celles de la poésie. »

ses portraits : ils font thèse; l'auteur ne les prouve pas, et s'en sert comme de preuves[1].

6° RENAN, « LES ORIGINES DU CHRISTIANISME »

La définition de l'histoire, donnée par Taine, ne convient à personne mieux, après Michelet, qu'à Ernest Renan. Michelet et Renan ne doivent point être séparés. Celui-là, passionné et incohérent, celui-ci, calme et onctueux; Renan, formé à la double sévère discipline du séminaire et de la philologie, Michelet, suragité dès les premières années de sa vie scientifique par les rêveries idéalistes de la philosophie allemande, l'un et l'autre cependant ont eu la même manière de travailler, de comprendre et de présenter l'histoire. L'un et l'autre l'ont vue dans sa plénitude et son *intégrité*, et tous deux, avec une curiosité particulière du document, ont eu une rare puissance de vision. Ces deux chercheurs minutieux ont été des voyants.

Pour Renan comme pour Michelet, le domaine de l'histoire est à la fois la terre et l'homme, le monde physique et le monde moral. Le premier volume de l'*Histoire des Origines du christianisme* est consacré à la *Vie de Jésus*. Mais, avant d'étudier la vie et l'action du fondateur du christianisme, Renan ira visiter la Palestine; il l'étudiera village par village, pierre par pierre, presque arbre par arbre, et il risquera la mort par la fièvre à Beyrouth. De retour en France, les yeux imprégnés des paysages galiléens, il les reproduira dans les premières pages de son livre en traits ineffaçables :

« La ville de Nazareth, au temps de Jésus, ne différait peut-être pas beaucoup de ce qu'elle est aujourd'hui. Les rues où il joua enfant, nous les voyons dans ces sentiers pierreux ou ces petits carrefours qui séparent les cases. La maison de Joseph ressembla beaucoup sans doute à ces pauvres boutiques, éclairées par la porte, servant à la fois d'établi, de cuisine, de chambre à coucher, ayant pour ameublement une natte, quelques coussins à terre, un ou deux vases d'argile et un coffre peint. »

1. Taine s'est très bien rendu compte de sa *faculté maitresse*, lorsqu'il a écrit : « Ma forme d'esprit est française et latine... classer les idées en files régulières, avec progression... bref oratoirement. » Citation prise dans Monod, p. 98.

Ainsi a fait Michelet, visitant et décrivant la France avant
de montrer la naissance de la nation.

Dans ce cadre géographique où le christianisme est né,
voici maintenant le milieu social, intellectuel et politique qui
l'a déterminé. « La première tâche de l'historien », dit Renan [1],
« est de bien dessiner le milieu où se passe le fait qu'il
raconte. » C'est d'abord l'entourage immédiat de Jésus, « population en parfaite harmonie avec le pays lui-même, active,
honnête, pleine d'un sentiment gai et tendre de la vie ». Puis,
le tableau moral de la Judée, « poursuivant depuis des siècles
un rêve gigantesque, et le rajeunissant sans cesse dans sa
décrépitude ». Enfin, les tentatives de réforme ou les élans
de prophétisme qui précèdent ou accompagnent l'œuvre de
Jésus : « mélange confus de claires vues et de songes, alterna-
tive de déceptions et d'espérances, aspirations sans cesse re-
foulées par une odieuse réalité », qui trouveront enfin dans le
Christ leur interprète.

Maintenant, dans le récit de la vie de Jésus, rien ne sera
oublié : Renan décrira les paysages que Jésus a vus, il cherchera
à retrouver ses impressions physiques comme ses angoisses
morales ; aux jours de la Passion, il étudiera le drame divin
en psychologue, en juriste, en médecin. Renan a suivi les conseils de Michelet. Il a voulu ressusciter Jésus une seconde fois.

Comme base à ce récit et à ceux qui suivent, jusqu'à la
fin de l'ouvrage, il y a un prodigieux amas de renseignements
variés, et presque toujours sûrement choisis. Dans sa recherche
des sources comme dans sa manière de présenter l'histoire,
la méthode de Renan, tout autant que celle de Michelet, est
la méthode intégrale. A certains moments, Michelet attri-
buait plus de valeur à l'inédit qu'à l'imprimé, aux médailles
qu'aux documents : c'était peut-être le résultat d'une ardeur
de numismate néophyte ou de paléographe improvisé. Renan
n'a pas de ces naïfs emportements. Il appartient à une génération plus rassise, dont l'éducation historique est achevée, et
qui est familiarisée avec les découvertes. Aussi use-t-il avec
une sage pondération de toutes les ressources dont il dispose :
il n'en néglige aucune et les groupe avec un art que personne
encore au monde n'a dépassé [2]. Remarquables à cet égard sont

1. *Vie de Jésus*, 13ᵉ édit., p. XXII. | 2. Cf. ici, p. 511, n. 1.

ces tableaux de l'Empire romain sous les différents règnes, et en particulier, dans *les Apôtres*, sa description du monde méditerranéen au milieu du premier siècle, au moment où « la barque apostolique a tendu ses voiles [1] ». Pour dresser ces tableaux, textes, inscriptions, littérature, ruines et médailles sont tour à tour utilisés, et chaque chose est posée, avec une dextérité de main infinie, à la place qu'elle doit occuper, sans excès de lumière et sans erreur de perspective. Remarquons que Renan, en se faisant historien de Rome, n'est pas sur son domaine : et cependant sa marche est confiante et assurée, et, de fait, les faux pas y sont fort rares. Renan a été un historien d'instinct et de tempérament.

Qu'il n'y ait pas un peu trop d'art dans la manière de combiner ces textes, de présenter ces récits ou ces tableaux, cela est incontestable. Il y en aura toujours dans la résurrection des choses passées, à moins qu'on ne fasse, comme Lenain de Tillemont, une simple combinaison de textes. Mais il n'y a pas plus de fantaisie chez Renan que chez Michelet; Thierry lui-même en a peut-être mis davantage dans ses *Récits*. Renan au surplus a avoué franchement la part qu'il a dû faire à l'imagination :

« Dans un tel effort pour faire revivre les hautes âmes du passé, une part de divination et de conjecture doit être permise. Une grande vie est un tout organique qui ne peut se rendre par la simple agglomération de petits faits. Il faut qu'un sentiment profond embrasse l'ensemble et en fasse l'unité.... La condition essentielle des créations de l'art est de former un système vivant dont toutes les parties s'appellent et se commandent. Dans les histoires du genre de celle-ci, le grand signe qu'on tient le vrai est d'avoir réussi à combiner les textes d'une façon qui constitue un récit logique, vraisemblable, où rien ne détonne.... Ce qu'il s'agit de retrouver, ce n'est pas la circonstance matérielle, impossible à vérifier; c'est l'âme même de l'histoire. Ce qu'il faut rechercher, ce n'est pas la petite certitude des minuties, c'est la justesse du sentiment général, la vérité de la couleur [2]. »

Comme Taine et comme Michelet, Renan aime les portraits, et à retrouver chez les hommes dont il parle soit la faculté maîtresse, soit l'action d'un principe éternel. Il était trop de son temps pour ne pas faire de la psychologie : saint Paul est,

1. Cf. ici, p. 481.   2. *Vie de Jésus*, 13ᵉ édit., p. c.

pour Renan, l'*homme d'action* ; Marc-Aurèle symbolise la fin du
monde antique ; Néron est l'histrion et Domitien l'homme mé-
chant, Hadrien, le « Lucien couronné » ; le martyre de sainte
Blandine représente le triomphe de l'humilité chrétienne. Mais
les portraits de Renan sont infiniment plus matériels, partant
plus historiques, que ceux de Taine ou de Michelet ; celui-là est
l'esclave de ses catégories, celui-ci de ses symboles ; Renan,
dans ses descriptions d'hommes ou de peuples, suit de plus près
le texte, recherche davantage la physionomie et le trait visible.
De tous nos historiens, Thierry excepté, Renan est le plus concret,
on dira presque le plus *humain*, et ce mérite est dû peut-être
à l'influence de Thierry, qui dirigea et aima ses débuts littéraires[1]. Sans doute on peut dans Blandine retrouver un symbole[2], mais avec quelle discrétion Renan présente la chose :
ce que la vertu de la sainte offre de symbolique et d'éternel ne
doit point nous faire oublier la pauvre esclave, qui croit, qui
souffre et qui meurt ; et c'est elle surtout que nous montre le
récit de Renan[3]. Marc-Aurèle symbolise le monde antique dans
ce qu'il eut de plus pur et de plus noble : mais, en lisant le
livre admirable que Renan lui a consacré, c'est l'homme seul
que nous voyons, luttant contre le mal et vivant sa vertu.

Enfin, comme Michelet et plus que lui encore, Renan sym-
pathise volontiers avec les temps et les hommes dont il parle.
Par tempérament, mais aussi par doctrine, il est bienveillant
pour le passé :

« Celui qui parle avec irrévérence de la royauté du moyen âge,
de Louis XIV, de la Révolution, de l'Empire, commet un acte de
mauvais goût ; celui qui ne parle pas avec douceur du christianisme et de l'Église dont il fait partie se rend coupable d'ingratitude[4]. »

Assurément, il a eu ses moments d'injustice ; ils se trahissent,
non pas par de longs réquisitoires, comme chez Taine ou chez
Michelet, mais par des épithètes invariablement les mêmes
(*abominable, monstrueux*, etc.). Renan n'a point toujours
compris la beauté du moyen âge ou la vertu du paganisme ; il
n'a pas su ou n'a point voulu expliquer l'apothéose des empe-

1. Cf. ici, p. LIX, n. 1.
2. Ce qui ne veut pas dire,
bien entendu, qu'on veuille
par là nier son existence.
3. Ici, p. 519.
4. *Vie de Jésus*, 13ᵉ édit., p. xxx.

reurs, si conforme aux croyances du temps[1] ; il n'a pas su, quand il a parlé de la masse des idées païennes, s'abstraire du jugement traditionnel : il les condamne sans chercher à s'en rendre compte. A cet égard *la Cité Antique* de Fustel de Coulanges et le livre d'Ernest Havet sur *le Christianisme et ses Origines* (1870-71)[2], si probe, si noble, si finement pensé, sont d'excellents correctifs à l'œuvre de Renan. Mais enfin la malveillance et la colère sont rarement les défauts de l'historien. Au fond il veut tout excuser, parce qu'il croit qu'on peut tout expliquer, et sa bienveillance est une forme morale du raisonnement scientifique. Il n'y a peut-être pas, dans le travail historique de ce siècle, une œuvre à lecture plus apaisante que celle de Renan.

7° FUSTEL DE COULANGES, « LA CITÉ ANTIQUE[3] »

Taine écrivait en 1863[4] : « L'empire de ce monde est à la force ». Un an après, Fustel de Coulanges voulut montrer, par un exemple éclatant, que la force matérielle est peu de chose dans la formation des sociétés et le jeu des institutions, qu'une force morale tout autrement puissante, la religion, a été dans *la Cité Antique* la source de toute vie sociale[5].

Cette pensée est fondamentale dans l'œuvre et peut-être dans l'existence de Fustel de Coulanges. On la retrouvera dans son *Histoire des Institutions* ; il semble que, jusqu'à ses derniers jours, il ait voulu par ses recherches assurer la revanche de l'idée sur la force, la suprématie des lois de l'esprit sur les révolutions violentes et les conquêtes matérielles[6].

Il y a entre Michelet et Fustel des divergences infinies. Pourtant Fustel a eu la même conception de l'histoire que Michelet ;

1. Cf. p. 482 et 632.
2. Cf. p. 483, 490, 491.
3. Voyez, en dernier lieu, le livre de M. Paul Guiraud sur *Fustel de Coulanges* (Hachette, 1897).
4. *Littérature anglaise*, t. IV, p. 617.
5. « Les grands changements qui paraissent de temps en temps dans la constitution des sociétés ne peuvent être l'effet ni du hasard ni de la force seule. » *Introduction.*
6. C'est ce qu'a exprimé M. d'Arbois de Jubainville dans son livre récent, *Deux manières d'écrire l'histoire* (1896), en disant (p. 256) : « Fustel de Coulanges est un des héritiers de cette population civile », etc.

s'il a limité ses recherches à des problèmes déterminés de la vie du passé, la religion et les institutions, il a compris l'immensité du domaine historique :

« L'histoire n'étudie pas seulement les faits matériels et les institutions; son véritable objet d'étude est l'âme humaine; elle doit aspirer à connaître ce que cette âme a cru, a pensé, a senti aux différents âges de la vie du genre humain. »

Cinq ans plus tard, dans sa préface de l'*Histoire de France* (1869), Michelet rappelait que son livre avait eu pour objet « le grand mouvement progressif, intérieur, de l'âme nationale[1] ». On sait avec quelle insistance Michelet parlait sans cesse alors, comme de la cause première des transformations historiques, « du travail incessant que fait sur soi toute société[2] » (1866). Dans la préface de sa *Cité Antique*, Fustel de Coulanges prononçait ces paroles, que Michelet n'eût point désavouées et qu'il a peut-être inspirées :

« L'intelligence humaine est toujours en mouvement, et à cause d'elle nos institutions et nos lois sont sujettes au changement. L'homme ne pense plus aujourd'hui ce qu'il pensait il y a vingt-cinq siècles, et c'est pour cela qu'il ne se gouverne plus comme il se gouvernait. »

L'action de Tocqueville est cependant plus marquée encore que celle de Michelet dans *la Cité Antique*. Le titre même de l'*Introduction* : « De la nécessité d'étudier les plus vieilles croyances des anciens pour connaître leurs institutions », semble calqué sur le début de la *Démocratie en Amérique*. Un des grands mérites du livre sur l'*Ancien Régime et la Révolution* est d'avoir montré combien, après 1789, les institutions, les habitudes, l'état d'esprit d'autrefois, ont persisté dans la France nouvelle, à son insu légataire universelle de la France monarchique. Fustel de Coulanges montrait dans son livre la longue persistance des traditions et des coutumes religieuses; et cette *loi de la continuité* n'a nulle part été plus admirablement définie que dans ces lignes de *la Cité Antique* :

« Le passé ne meurt jamais complètement pour l'homme. L'homme peut bien l'oublier, mais il le garde toujours en lui. Car,

1. Cf. p. 312 et suiv. | 2. Cf. p. 303, n. 2.

tel qu'il est à chaque époque, il est le produit et le résumé de toutes les époques antérieures. S'il descend en son âme, il peut retrouver et distinguer ces différentes époques d'après ce que chacune d'elles a laissé en lui. »

La Cité Antique est une thèse : — la religion des morts est à l'origine des croyances de l'humanité; c'est elle qui, dans le monde antique, a été le principe de la famille. La famille a constitué la cité, et la religion municipale s'est développée sur le modèle de la religion familiale. Quand le christianisme eut détruit cette religion familiale, une société nouvelle s'établit.

Cette thèse peut être discutée. On lui a reproché de reposer sur le faux raisonnement du *cum hoc, ergo propter hoc*[1]. — Que le culte des morts se rencontre à l'origine des religions humaines, cela ne prouve pas que le sentiment religieux ait commencé par là. — Qu'il soit inséparable de la vie de famille, cela ne prouve pas qu'il en soit le principe. — Que la famille soit l'élément essentiel de la cité, cela ne prouve pas qu'elle en ait été la force constitutive. — Que les conditions du gouvernement se soient modifiées avec le triomphe du christianisme, cela ne prouve pas que le changement de religion ait réformé la société. — Et d'une manière générale, si les croyances des hommes se modifient en même temps que leurs institutions, il n'en résulte pas qu'elles soient la cause principale de ces transformations[2].

La vérité peut-être est que le culte des morts n'a constitué ni la famille ni la cité, mais qu'il s'est tout naturellement adapté à l'une et à l'autre; il s'est appliqué au cadre social; il a fourni à la société antique quelques-unes de ses formules, de ses institutions, de ses habitudes maîtresses. Il n'en a pas été l'élément primordial. — De la même manière le christianisme n'a point changé les conditions du gouvernement; Fustel de Coulanges montrera lui-même plus tard[3] que le christianisme viendra, en quelque sorte, se plaquer sur le gouvernement civil pour lui donner sa formule et comme sa couleur

---

1. Voyez ici, p. 595, n. 1.

2. Fustel de Coulanges dira même *la cause seule* : « PAR CELA SEUL que la famille n'avait plus sa religion domestique, sa constitution et son droit furent transformés; PAR CELA SEUL que l'État n'avait plus sa religion officielle, les règles du gouvernement des hommes furent changées pour toujours. »

3. *Institutions*, t. II. Ici, p. 656.

religieuses. Dans l'un et l'autre cas, les croyances sont des forces et des formes essentielles de la vie politique et familiale, mais celle-ci, née en dehors d'elles, reçoit d'ailleurs son premier mouvement.

Mais si nous ne cherchons dans *la Cité Antique* que ceci : — le rapport qui exista dans l'antiquité entre les croyances et les formes sociales, entre les révolutions religieuses et les révolutions politiques, la part que la religion a eue dans l'union des groupes humains et dans la vie extérieure des hommes ; — alors, il n'y a peut-être pas une ligne à changer à ce livre. Chacun de ces développements sur le culte des morts, sur la famille, sur la cité, sur les révolutions, sur l'avènement de l'unité romaine, est une chose absolument parfaite : rien n'y manque, ni l'exactitude des documents, ni l'art de les grouper, ni l'habileté à les faire valoir, ni la belle ordonnance de l'exposition, ni la progressive séduction de la lecture.

Il n'y a pas, en effet, dans notre littérature historique, un livre qui, insensiblement, retienne, attache et captive davantage. Fustel de Coulanges, comme Guizot et comme Tocqueville, ne fait que l'histoire des institutions. Mais Tocqueville est, à la lecture, sec et froid, Guizot, grave et absolu. On devine leur personne dans leurs œuvres et on se rebute parfois. Fustel de Coulanges disparaît derrière le passé qu'il évoque. Son style a une précision, une simplicité, une limpidité à travers lesquelles vous ne voyez que l'antiquité. — Guizot a des portraits de personnages historiques : Fustel ne s'occupe pas de tels ou tels hommes ; la géographie, la race, le climat n'ont aucune place dans son livre ; il n'y a là que l'histoire d'une croyance : rien, en apparence, de plus philosophique, de plus abstrait, de plus immatériel. Et cependant *la Cité Antique* a l'intérêt d'un récit historique, d'une narration émouvante. C'est que la phrase est rarement faite à l'aide d'abstractions : la croyance n'est point séparée de l'homme qui croit, de la maison où il prie, de l'autel qu'il honore ; les expressions sont d'ordinaire les expressions mêmes dont se servaient les anciens dans leur culte ou dans leur vie publique. L'auteur laisse parler les écrivains dont il se sert, il reproduit les paroles ou les gestes des hommes d'autrefois. De là, chez le lecteur, une impression de vie, de vérité et de couleur même. « Son procédé », a-t-on dit fort justement[1], « rappelle celui de l'école réaliste. » Fustel de Coulanges est bien, par sa *Cité Antique*, le contemporain de Flaubert[2]. Ce qui n'a été pour Fustel qu'une précaution scientifique devient, à son insu, un merveilleux procédé d'art. C'est ainsi que chez lui, comme aurait dit Taine, la science devient art, et que « le même génie arrive, par la même clairvoyance, à la vérité et à la vie ».

La Cité Antique marque enfin une date importante dans les destinées de la méthode historique. Ce n'était pas la première fois qu'on avait comparé entre elles deux sociétés, comme Fustel faisait pour Rome et la Grèce. *L'Esprit des Lois*, pour ne point remonter plus haut, était une longue comparaison. Michelet et Quinet avaient eu, pour ces rapprochements, une prédilection un peu affectée : les *Origines du Droit* ou l'*Histoire romaine* de Michelet rappellent parfois certains parallèles de *la Cité Antique*. Il y a, chez les Allemands Niebuhr, Schwegler et M. Mommsen, des phrases qui semblent annoncer ce dernier livre. Mais personne encore n'avait fait une telle étude comparée et systématique des institutions des deux grands peuples classiques; nul n'avait encore montré comment deux nations d'humeur, de domicile et d'histoire si différents avaient pourtant parcouru deux carrières semblables. Par *la Cité Antique*, la sociologie pénétrait dans l'histoire, et elle y entrait de la bonne manière, la critique du texte et le désintéressement de la pensée.

8° L'ÉRUDITION ET L'ENSEIGNEMENT. MINISTÈRE DE DURUY[3]

Ces trois grandes œuvres ne sont point isolées. Le gouvernement de Napoléon III n'a point nui à l'histoire : elle a continué le travail commencé avant 1848; ses progrès ont été

---

1. Guiraud. De même Lanson, p. 1075.

2. On retrouverait chez Flaubert les mêmes méthodes et presque les mêmes expressions que chez Fustel. L'*impassibilité* qu'il exige du roman ressemble à la *sérénité* que Fustel demande à l'histoire. L'un et l'autre représentent également le triomphe en littérature de l'objectif et de l'impersonnel. *Madame Bovary* est de 1857.

3. Voyez outre les *Rapports* cités p. LXXX, n. 1, les *Rapports sur les études relatives à l'Egypte et à l'Orient*; sur les *études classiques et du moyen âge*, sur l'*Archéologie* (1867 et 1868).

même plus rapides, grâce à l'excellente discipline que les écoles et les revues lui avaient imposée ; si elle oublia parfois sa méthode et son but, *la Revue critique*, fondée en 1866, les lui rappela fermement. Il y eut assurément, pendant ces vingt années, moins d'historiens et d'érudits qu'il n'y en a de nos jours ; mais chacun travaillait peut-être davantage et s'attachait plus dévotement à son œuvre : le professeur ou le savant n'avaient point ce secret désir de quitter le livre pour la tribune, ces ambitions politiques qui de nos jours coupent si brusquement tant de belles carrières historiques. Il n'y avait pas en ce temps-là « cette absorption de toutes les capacités, cette prodigieuse dépense d'hommes publics que font les gouvernements nationaux et populaires[1] ». L'avancement étant plus lent, la concurrence moins forte, le travail était moins hâtif. Les revues n'étaient pas multipliées de manière à faire tort au livre et à briser l'effort continu d'un grand labeur. L'universitaire n'était point incessamment distrait de ses études ou de son enseignement par les exigences périodiques des commissions d'examen ou de réformes. La liberté multiplie les devoirs de la vie et les responsabilités de la pensée. Avant 1870 l'historien se sentait responsable surtout envers la science.

C'est en ce temps-là que, sur les assises solides des documents, l'histoire vraiment critique de l'ancienne France commence à se faire, pièce par pièce : dans cette œuvre, l'École des Chartes prend et conservera dès lors le premier rang. Elle eut quelques maîtres de premier ordre dont l'influence vraiment directrice n'a point cessé de grandir : Jules Quicherat, peut-être l'initiateur de la méthode critique dans l'histoire de l'art français ; Bourquelot, le fidèle collaborateur d'Augustin Thierry ; Boutaric, mort prématurément ; de Rozière, si clair dans ses éditions de documents, si sagace dans l'art de les interpréter, et M. Léopold Delisle. Celui-là, le dernier survivant de cette génération, aura été le maître incontesté des médiévistes de notre temps : il leur laissera un modèle de livre (ses *Études sur la condition de la classe agricole en Normandie*, 1851), d'une précision, d'une clarté, d'une exactitude hors ligne, en même temps que le souvenir d'une curiosité toujours active et d'une science toujours serviable.

---

1. Mot de Thierry, à propos de 1830, *Considérations*, IV.

C'est encore à l'École des Chartes que s'est fondée la science de l'histoire littéraire de la France médiévale, avec MM. Paris et Meyer : celui-là, attiré plus volontiers par la littérature comparée, et dont l'*Histoire poétique de Charlemagne* (1865) fait époque dans l'étude du rôle intellectuel de la France; celui-ci, adonné de préférence à la pure philologie, et le chef souverain de la science des langues provençales : tous deux ardents au travail et à la propagande scientifique, chefs d'école et organisateurs de premier ordre; il suffirait pour le montrer de raconter l'histoire de la revue la *Romania*, qu'ils ont fondée en 1872.

Enfin, les études de philologie et d'histoire celtiques se rattachent encore à l'enseignement de l'École des Chartes : c'est à la Gaule celtique que, sorti de cette dernière école, s'est consacré maintenant M. d'Arbois de Jubainville. Grâce à lui, à M. Gaidoz et à quelques autres, le « celtisme » a été renouvelé ; il s'est dégagé de cette atmosphère de nuages religieux, de symboles moraux et de néo-druidisme où il vivait depuis 1830 (avec Henri Martin, Jean Reynaud, de Belloguet), et il est entré dans une nouvelle voie, la critique philologique des documents anciens et des textes du moyen âge : la *Revue celtique* (1870), comme la *Romania* sa camarade, a organisé le travail et surveille les travailleurs, sous la direction successive de MM. Gaidoz et d'Arbois de Jubainville.

La France administrative des temps modernes était étudiée dans quelques livres qui furent regardés, en leur temps, comme des révélations : les cinq ou six livres de Clément sur *Colbert* et son gouvernement (1846-74), celui de Rousset sur *Louvois* (1861-63), ceux de M. Dareste sur *la Justice administrative en France* (1862) et sur *les Progrès du pouvoir royal* (1848), et surtout les livres de Chéruel (*Administration de Louis XIV*, 1849; *Minorité de Louis XIV*, 1879 et suiv.; *Administration en France*, 1855).

Chéruel (mort en 1891) mérite, entre tous ces noms, une place à part par l'influence qu'il a exercée, surtout dans le milieu de l'École Normale. Son *Dictionnaire historique des institutions, mœurs et coutumes de la France* (1855), est demeuré classique : peu de manuels ont eu une telle valeur scientifique et ont rendu des services aussi salutaires. Chéruel, par ce livre et par son enseignement, a formé des centaines d'élèves : à tous il a inculqué le respect de la vérité, le *culte du texte*[1], la précision de l'expression, la clarté de l'exposition, le goût des études d'institutions. Fustel de Coulanges relevait directement de lui, le répétait et s'en faisait gloire : élève de Michelet, Chéruel fut peut-être le trait d'union entre celui-ci et Fustel. Puis, si réservée qu'elle ait été, la vie de Chéruel a été fort belle. Il a publié, enseigné pendant soixante ans. Dans les derniers jours, plus qu'octogénaire, il continuait paisiblement ses œuvres d'enseignement et d'érudition, sachant que la mort allait l'interrompre, et faisant comme si elle ne devait point venir. Je ne connais, dans ce siècle, qu'une carrière d'historien aussi droite : celle de son élève préféré, Fustel.

En dehors de toute tradition d'école et de toute influence officielle, quelques écrivains s'attachaient, un peu en manière de protestation politique, à l'histoire contemporaine : l'*Empire* de Thiers suscitait un virulent pamphlet historique dans l'*Histoire de Napoléon* (1867 et suiv.), de Lanfrey. — L'histoire étrangère avait de nombreux et brillants adeptes, avec Geffroy (Suède), Rosseeuw Saint-Hilaire (Espagne), MM. Perrens et Zeller (Italie), M. Wallon (Angleterre).

A la différence de la génération précédente, celle-ci semble préférer, en archéologie classique, Rome à la Grèce. D'ouvrages sur la Grèce, les plus célébrés furent alors ceux de Beulé[2], grâce auquel, en 1853, « la France a découvert la porte de l'Acropole ». L'École française d'Athènes recevait, chaque année, des recrues intelligentes et vaillantes : mais, de retour en France, l'enseignement des Lycées, les lettres pures, le journalisme les disputaient souvent à l'archéologie. De ses membres, About ne voulut connaître que *la Grèce contemporaine*, Fustel de Coulanges s'attacha surtout aux institutions. Mais trois érudits en fondaient et en représentent particulièrement l'esprit et les méthodes : M. Foucart, fidèle surtout à l'épigraphie grecque, M. Heuzey, à l'archéologie, M. Perrot, hésitant encore entre l'épigraphie, le droit et l'histoire de l'art.

Rome au contraire redevient première favorite : elle l'est sous

---

1. Fustel de Coulanges a dit de Chéruel : « Il nous enseignait les conditions rigoureuses par lesquelles on obtient l'exactitude ; il nous habituait à aimer la vérité, quelle qu'elle puisse être ».

2. En particulier, l'*Acropole d'Athènes*, 1854.

le second empire comme sous le premier. Le chef de l'État donne l'exemple en faisant publier sous son nom une *Vie de César* (1865). Les grands travaux de l'Académie de Berlin et de l'Institut archéologique de Rome activent l'impulsion donnée par Napoléon III : la France tient à honneur de faire l'exploration de ses deux patrimoines épigraphiques, la Gaule et l'Afrique; Léon Renier publie ses *Inscriptions romaines de l'Algérie*, M. Le Blant, ses *Inscriptions chrétiennes de la Gaule*; M. Allmer, à Vienne et à Lyon, devient insensiblement le chef d'une école épigraphique provinciale qui reconstituera le passé gallo-romain de la Gaule méridionale. Desjardins, en Italie, étudie le Latium, avant de se laisser conquérir par la Gaule romaine; Blacas, en traduisant *la Monnaie romaine* de M. Mommsen, la complète; Noël des Vergers fait connaître l'*Étrurie et les Étrusques* (1864). Les problèmes des mythes et des langues italiotes ont enfin en France un représentant, M. Bréal. La géographie historique y renaissait, grâce aux leçons de Desjardins, aux études de M. Deloche, à l'enseignement et aux livres de M. Himly. Une commission de l'Institut, sur l'initiative de l'Empereur, entreprend le recueil des œuvres de l'archéologue italien Borghesi. M. Mommsen vient à Paris en 1867 et y reçoit son ovation.

Ce sont là œuvres de science pure. Mais Rome suscitait aussi de belles études d'histoire littéraire, religieuse et politique, qui initient le grand public à l'admiration de son passé : nous avons déjà cité les livres de Champagny, sur les empereurs romains, celui de M. Albert de Broglie, qui est le premier travail sérieux entrepris de notre temps sur les transformations religieuses du monde à la fin de l'Empire; les études de M. Gaston Boissier sur les écrivains romains : Attius (1856), Varron (1859), *Cicéron et ses amis* (1866). Ce dernier livre eut un succès particulier; M. Boissier y affirmait, en même temps qu'un talent d'écrivain souple et limpide, sa connaissance profonde de la littérature romaine, et son habileté à replacer les écrivains de Rome dans le milieu politique et religieux où se formaient leurs ouvrages. Les livres de Martha sur les *Moralistes romains* (1854) et sur le *Poème de Lucrèce* (1869) se rattachent à la même tendance. On a déjà parlé de celui de Havet sur *le Christianisme*, que les générations nouvelles ont le tort de ne pas lire plus assidûment. L'*Histoire des*

Chevaliers Romains, de Belot (1866), est un des livres les plus pénétrants qu'ait suggérés l'étude des institutions romaines.

La connaissance de la Gaule celtique était complétée par les études d'archéologie : là encore la science recevait une véritable organisation. Napoléon III fondait à Saint-Germain le Musée des Antiquités Nationales et y appelait pour directeur M. Alexandre Bertrand (1862). De ce dernier paraissait, en 1864, *les Anciennes populations de la Gaule*. La Commission de topographie des Gaules était installée; le *Dictionnaire des Antiquités Celtiques* était commencé, et Desjardins abordait la publication de la Table de Peutinger par son livre sur *la Gaule romaine* (1869). — A toutes ces œuvres et à toutes ces fondations, le gouvernement témoignait sa sympathie et accordait ses subventions. Jamais Vercingétorix et Jules César n'eurent une telle gloire. Saulcy, Jacobs, Quicherat, Léon Renier, Bertrand, Desjardins, Longpérier, sans parler de Napoléon III lui-même, se passionnèrent pour Alésia, Gergovie et Uxellodunum. On fouilla à Gergovie, à Bibracte et à Alise. La numismatique sembla surtout dévouée à l'empire romain et à la Gaule : Hucher essaya d'établir l'histoire du monnayage gaulois (*l'Art Gaulois*, 1868-72); Saulcy, Longpérier apportèrent de vives lumières dans les ténèbres de la numismatique celtique; de Witte dressa le catalogue des pièces frappées par les empereurs des Gaules au III⁰ siècle.

La France maintenait du reste dans la numismatique ancienne son antique suprématie. La *Description historique des monnaies romaines* (1859 et s.), de Cohen, est encore célèbre (un peu trop). Sabatier constitua la numismatique byzantine; Waddington rendit d'immenses services à la connaissance des monnaies de l'Asie Mineure, Saulcy établit les bases de la numismatique judaïque. A côté d'eux, d'Ailly, Duchalais, La Saussaye, F. Lenormand, Béulé, le duc de Luynes, Robert, Ponton d'Amécourt, M. A. de Barthélemy formaient un groupe compact de numismates, tels que la science d'aucun pays n'en offrit peut-être jamais.

Un coup d'éclat rappela au monde savant que la France revendiquait toujours pour elle la maîtrise des études orientales. Depuis Champollion, l'égyptologie avait langui : Letronne, Ch. Lenormand, qui l'avaient remplacé, n'avaient point sa haute compétence; les études de Rougé étaient plus sérieuses que connues[1]. Mariette rendit brusquement à la science de l'Égypte ancienne sa gloire et sa popularité : le 13 novembre 1851 (et c'est la seconde grande date de l'égyptologie), il entra enfin dans la nécropole des Apis, le *Serapeum*, dont depuis un an il déblayait les alentours :

« Mariette débouche l'entrée et découvre la rampe, très étroite et très raide, qui mène à la tombe du dieu. C'est à quatre heures du matin qu'il descendit cette rampe. Elle le conduit, non plus dans des tombeaux qu'il fallait déblayer, mais dans d'immenses galeries entièrement dégagées, donnant accès aux tombes divines, aux soixante chambres, avec les Apis dans leurs sarcophages monolithes. Dans ces soixante chambres, les Apis avaient été déposés, chacun dans un sarcophage, d'une seule pièce, pesant 64000 kilogrammes. Chaque Apis était accompagné d'*ex-voto* qui mentionnent le règne sous lequel il est mort. C'est toute une série de personnages qui ne nous sont connus que par là. Mariette était fou, il était ivre[2]. »

Les recherches de M. Oppert en Mésopotamie (1851-1854) furent moins connues du grand public; elles eurent une aussi grande influence sur la science de l'assyriologie. C'est à lui, disait, avec une justice dépourvue d'élégance, le rapport officiel, « qu'il appartient d'avoir dissipé les ténèbres qui pesaient sur l'antique idiome de Ninive », et son étude sur *l'Inscription de Borsippa* (1857) est le premier essai d'interprétation d'une inscription unilingue en langue assyrienne[3]. — La France enfin conservait un premier rang dans les études sémitiques, grâce à Renan, M. Barbier de Meynard, Derenbourg, d'autres encore; dans les recherches sur l'extrême Orient, grâce à Stanislas Julien.

Quoi qu'on ait dit du règne de Napoléon III, il faut reconnaître que, si le mouvement historique fut alors considérable, l'État ne l'entrava point, tout au contraire. On a vu ce qu'il fit pour la connaissance de la Gaule et de l'Empire romain : il ne traita pas Vercingétorix plus mal que César. Il eut ses moments de puérile colère, au début surtout : Taine ne sortit de sa disgrâce qu'en 1863, sans doute grâce à Duruy. Il les

---

1. Guigniaut, Rapport de 1867 sur les études de l'Égypte, p. 5-7. — Maspero, art. cité p. LXXVII.

2. Desjardins, *Conférence sur la vie et les travaux de Mariette*, 1882.

3. Il serait injuste de ne pas citer ici les recherches de M. Ménant sur l'alphabet assyrien, qui complètent les découvertes de M. Oppert.

retrouva, lorsqu'en 1864, après la *Vie de Jésus*, Renan fut exclu du Collège de France. Mais on ne peut oublier que ce règne fut celui de quelques grandes missions scientifiques, qui assurèrent le privilège des premières découvertes aux savants français : celles de M. Oppert en Mésopotamie, de Renan en Palestine, de M. Heuzey en Macédoine, de M. Perrot en Galatie, de Desjardins dans l'ancienne Mésie, de Geffroy en Danemark et en Norvège, de Boutaric en Belgique, d'H. de la Ferrière à Saint-Pétersbourg, d'Hippeau et de M. P. Meyer en Angleterre. Je ne parle pas des missions permanentes en Égypte et dans l'Afrique romaine.

Antérieure à Victor Duruy, cette protection donnée à l'histoire scientifique et historique devait être, après 1863, plus régulière, plus intelligente, plus désintéressée.

Lorsque le coup d'État éclata. en 1851, Duruy venait d'achever le troisième volume de son *Histoire romaine*. C'était celui où il racontait et justifiait l'avènement d'Auguste. Il refusa de le publier et le garda vingt ans dans ses cartons : dévoué au régime impérial, il ne voulut point cependant le flagorner par un livre d'histoire. C'est un des plus beaux traits de la vie de Duruy[1].

Pendant dix ans il se consacra à l'enseignement : ses *Manuels historiques* (depuis 1851), son *Histoire de la Grèce ancienne* (1862), complétèrent et étendirent son action. Clairs, alertes, exacts, accompagnés de citations nombreuses, bien français d'allure en semblant un mélange de Tite-Live et de Plutarque, ces manuels ont élevé la génération actuelle, et lui ont appris à ne pas séparer le goût de l'histoire du soin de bien dire. — Puis, en 1863, Duruy devint ministre de l'Instruction publique et le demeura jusqu'en 1869. Ce qu'il fit pour les sciences historiques, on peut s'en rendre compte en recherchant, dans les listes qui précèdent, toutes les créations qui prennent place entre ces deux dates. Mais on doit insister sur la fondation de l'École des Hautes Études (1868) : ce fut, avec l'École des Chartes et l'École Normale, un laboratoire intime de travail historique, où, le maître et l'élève cherchant ensemble, les méthodes se transmettaient et les traditions scientifiques se fondaient[2].

Cf. p. 463, n.1 . — 2. V. le livre de M. Lavisse sur Duruy.

V

1870-1896

—

1° INFLUENCE DES ÉVÉNEMENTS DE 1870

Comme les révolutions de 1830 et de 1848, les événements de 1870 eurent leur contre-coup sur la littérature historique, sur la vie et les œuvres de nos écrivains. Il n'est aucun d'eux qui n'ait eu à souffrir ou à s'inquiéter de nos désastres et du changement de régime. On peut presque dire que Michelet mourut, en 1874, des douleurs qu'il avait endurées pour la France. Les luttes politiques enlevèrent Thiers à la science jusqu'à son dernier jour, arrivé en 1877. Quinet revint de l'exil pour mourir en France (1875). Guizot vécut dans une retraite souvent attristée, enseignant l'*Histoire de France à ses petits-enfants* : il mourut en 1874, la même année que Michelet. Louis Blanc et Henri Martin disparurent presque en même temps, celui-là en 1882, celui-ci en 1883. Le dernier représentant de ces générations d'historiens fut Mignet, qui prolongea jusqu'en 1884 le cours paisible de sa vie. Mort à près de 90 ans, il a été peut-être le doyen d'âge de nos historiens.

La génération qui avait suivi fut plus secouée par les événements qu'elle n'en voulut toujours convenir. Elle se mit à étudier de plus près les origines et l'histoire de cette Allemagne qui venait de transformer l'Europe politique. Duruy sembla vouloir donner à la France une revanche scientifique, en reprenant courageusement, dès le lendemain de la guerre, son *Histoire Romaine* (t. III, 1871), qu'il eut la gloire d'achever quinze ans plus tard. Renan se laissa même inquiéter dans sa vie : par deux fois, en 1869 et 1872, il eut des ambitions électorales qui, grâce à son démon protecteur, ne réussirent pas. Il est vrai qu'il ne fut point troublé dans son œuvre, car il continua avec sérénité l'*Histoire des Origines du christianisme*, et, quand elle fut terminée, en 1881, il commença son

Histoire du peuple d'Israël qui en est la préface et le prélude.

Taine et Fustel de Coulanges se mêlèrent moins en apparence à la lutte des partis : elle eut cependant une sérieuse influence sur leurs destinées scientifiques. Il est probable que Fustel de Coulanges a songé dès 1866 à écrire l'*Histoire des Institutions de l'ancienne France*; mais ce n'est qu'en 1871 qu'il se mit délibérément à l'œuvre, et il ne paraît point douteux que s'il voulut rechercher le caractère et les vicissitudes de nos anciennes institutions, c'était pour indiquer plus sûrement celles qui convenaient à la France régénérée. Taine, en reprenant à 1789 l'histoire des institutions françaises, se proposa le même objet actuel que Fustel de Coulanges : il le dit, fort clairement, dans la préface de son premier volume :

On a construit de notre temps, dit-il, « une constitution comme une maison, d'après le plan le plus beau, le plus neuf ou le plus simple, et il y en avait plusieurs à l'étude : hôtel de marquis, maison de bourgeois, logement d'ouvriers, caserne de militaires, phalanstère de communistes et même campement de sauvages »…. Mais il faut, pour faire une constitution, « acquérir l'idée exacte et complète d'un grand peuple qui a vécu âge de peuple et qui vit encore. Mais c'est le seul moyen de ne pas constituer à faux après avoir raisonné à vide, et je me promis que, pour moi du moins, si j'entreprenais un jour de chercher une opinion politique, ce ne serait qu'après avoir étudié la France ».

De tous les problèmes contemporains, celui qui a le plus préoccupé ces trois historiens, c'est à coup sûr la fondation de la république démocratique. Il est à remarquer que les uns et les autres ont constaté le fait plutôt avec regret. Tandis que les historiens ont formé l'avant-garde, en 1820, du parti libéral, en 1840, du parti démocratique, on dirait maintenant qu'ils voient avec inquiétude le triomphe de la démocratie pure, qu'ils inclinent volontiers vers une réaction aristocratique.

Fustel de Coulanges esquissait le plan d'une constitution nouvelle et réclamait, pour l'aristocratie, une place essentielle dans la France républicaine. Sans une aristocratie, répétait-il, la liberté ne peut durer, et dans un des travaux les plus vivants qu'il ait écrits[1], il montrait le rôle pondérateur que les aristocraties ont joué dans l'histoire de tous les pays. Taine, dans

1. Inédit. Cf. le livre de M. Paul Guiraud.

ses volumes sur la *Révolution*, flagellait impitoyablement. de ses textes et de ses colères, l'idole jacobine.

Plus conciliant, à son habitude, était Renan. Il s'effarouche certes à certains moments : en sa qualité d'homme d'esprit et de travailleur paisible, il redoute cette démocratie « à l'américaine » qui envahit la France[1]. « J'étais fait », disait-il, « pour une société fondée sur le respect, où l'on est salué, classé, placé d'après son costume, où l'on n'a point à se protéger soi-même. » Puis, s'apercevant qu'après tout, cette démocratie le laisse travailler à sa guise, lui donne honneurs, gloire et popularité incessante, il reconnaît qu'il ne faut point désespérer d'elle, et il conclut qu' « on pourra se procurer, en un tel monde, des retraites fort tranquilles ». « Laissons donc, sans nous troubler, les destinées de la planète s'accomplir[2] », et, j'ajoute, faisons notre métier d'historien.

2° TAINE, « LES ORIGINES DE LA FRANCE CONTEMPORAINE »

Les deux nouvelles œuvres de Taine et de Fustel de Coulanges commencèrent à paraître la même année, en 1875.

Les *Origines de la France contemporaine* prêtent, comme travail d'histoire, à un certain nombre de critiques.

C'est une œuvre de dénigrement et de colère. Michelet avait vu dans la Révolution une création de l'amour ; Taine y a vu le produit de la jalousie et de la haine. Peut-être a-t-il plus souvent raison que Michelet ; mais, à son tour, il a écrit un livre de passion, on dirait de rancune. Nulle part, je crois, il ne parle avec sympathie d'un homme ou d'une chose. Voyez comme insensiblement, dans son portrait de ces hommes de travail et d'action qui furent Jeanbon Saint-André, Carnot et Prieur, il arrive de l'éloge apparent à la condamnation suprême[3]. Si la foule applaudit et pleure, c'est qu'elle est puérile ; si elle menace, c'est qu'elle est bête fauve : toujours grotesque ou tragique. Le tableau que Taine fait des qualités maîtresses de Danton est un chef-d'œuvre de notre littérature[4] ; le lecteur attend un mot de conclusion qui admire, mais Taine arrête brusquement l'enthousiasme qu'il a fait naître :

1. *Souvenirs*, p. xviii.
2. *Ibidem.*
3. Ici, p. 580.
4. Ici, p. 571.

« Mandrin aussi », dit-il, « fut un homme supérieur. » —
« En matière d'histoire de la Révolution », a dit Quinet, « la
colère, la stupeur sont de mauvaises conseillères[1]. »

Taine a simplifié à l'extrême les états d'âme des hommes et
des foules. Il a beau dire qu'une nation est un être extrêmement compliqué[2] : il réduit les aspects et les sentiments des
individus sous des formules courtes et décisives. Danton est
un barbare, Robespierre un cuistre, Marat un fou, Napoléon
un condottiere, frère posthume de Dante et de Michel-Ange,
la société moderne, une caserne philosophique, et la Révolution, un accès de délire alcoolique[3]. Et le tort de ces formules
est que, pour les rendre plus précises, l'auteur les choisit
concrètes, matérielles, palpables. — Dans cette œuvre de l'historien, qui doit être faite si souvent de nuances incertaines et
de réserves infinies, Taine introduit, comme raison, la brutalité décisive de la comparaison.

Les transitions entre les grandes périodes de l'histoire lui
échappent ou sont écartées par lui. Ces différents états qui se
sont succédé, l'ancien régime, l'anarchie révolutionnaire, le gouvernement jacobin, la France napoléonienne, sont décrits avec
une précision, une logique, une verve incomparables. Mais par
quelle série d'institutions la royauté avait préparé 1789, ce qui
a survécu d'elle dans la Révolution, comment celle-ci a rendu
possible la dictature militaire, par quelle chaîne continue tous
ces gouvernements se tiennent, s'expliquent et s'annoncent, il
ne pense point à nous le dire. On lit en tête de son ouvrage :
« A la fin du siècle dernier, pareille à un insecte qui mue,
la France subit une métamorphose. Par un sourd travail intérieur, un nouvel être s'est substitué à l'ancien. » Ces différents
êtres, résultats de métamorphoses successives, Taine les dé-
compose d'un scalpel sûr et cruel; mais il ne nous fait pas
assister au lent travail de la métamorphose. — Cette nota-
tion patiente de la décomposition ou de la reconstitution des
forces sociales, c'est ce que Taine fait le moins, c'est ce que
Fustel fera le plus, et c'est le propre de l'histoire.

Par suite, la manière dont Taine présente les hommes et les
choses de la Révolution donne de ce temps une impression for-

1. *Critique*, édit. de 1869, I, p. 5.
2. « Une société humaine, surtout une société moderne, est une
chose vaste et compliquée. » Préface du t. II de *la Révolution*.
3. *Révolution*, t. I, p. 459.

cément incomplète et trompeuse. Certes son Danton, son Napoléon, son jacobin, son bourgeois de 1788, sont d'admirables portraits, vrais, puissants, colorés. Mais il n'y a pas, dans la Révolution, que des hommes de parti et des états psychologiques. Il y a un énorme travail administratif, rapidement exécuté, préparé par six générations d'enquêteurs et achevé par quelques années de décision ferme. Cette besogne des affaires courantes, ponts et chaussées, subsistances, instruction publique, finances, Taine ne veut pas en parler : il a à cœur de ne s'occuper que de l'état d'esprit, idées, passions, volontés et espérances, des gouvernants et des gouvernés. Mais même pour juger sainement cet état d'esprit, n'est-il pas bon de connaître par le menu la tâche matérielle à laquelle il s'est appliqué ? — Et voici le résultat de cette élimination voulue : l'œuvre administrative des Jacobins est surtout bonne, Taine la résume pour l'écarter ; ils ont eu bien des pensées mauvaises, Taine n'en négligera aucune.

Enfin, les yeux fixés sur son but, Taine évite de nous parler des événements militaires au milieu desquels s'est agitée la Révolution, quelque impression que ces événements aient pu faire sur l'esprit des chefs et les passions de la foule. Quinze ans auparavant, Quinet avait prévu et condamné cette manière d'écrire l'histoire[1] : « Si l'on isole du spectacle des armées celui de l'intérieur, on voit au dedans un peuple furieux, sans apercevoir la cause de sa fureur. Il arriverait quelque chose de semblable, si l'on voyait l'intérieur d'une ville assiégée, et qu'on ne sût rien de ce qui se passe autour de ses murailles. En supposant que vous ignoriez que l'ennemi est sur la brèche ou dans les fossés, cette ville, ainsi éperdue, vous semblerait en démence. » — Et cette démence est peut-être la plus forte impression que nous laisse la *Révolution* de Taine[2].

Le livre de Taine est le plus admirable réquisitoire à dossier historique que possède notre littérature. Cet homme, qui n'était pas encore un historien, y est un artiste d'une vigueur, d'une hardiesse, d'une précision, d'un mouvement prodigieux.

S'il n'était pas encore historien, il le devenait. Son livre

1. *Révolution*, XI, II.
2. Voyez, préface de la *Révolution* (t. II), le passage sur le crocodile adulé et dévorant. I, p. 459 : « Pour la première fois, on va voir des brutes devenues folles travailler en grand et longtemps sous la conduite de sots devenus fous. »

sur *le Régime moderne*, où la passion est plus rare, où la psychologie soi-disant scientifique est moins absorbante, est peut-être le plus près, de tous ceux qu'il a écrits, de la vérité et de la vraie méthode historiques. Dans ses chapitres sur l'État, sur l'éducation, sur l'Église, Taine a été admirablement servi par la précision de son analyse, par sa dextérité à grouper les faits et les textes, par l'acuité de son jugement et de son esprit d'observation. Son chapitre sur l'Église en particulier, la dernière chose qu'il ait écrite, est un chef-d'œuvre d'arrangement, de logique et de vérité ; puis il est écrit avec une sérénité qui nous étonne. Taine marchait insensiblement à l'histoire.

Il l'aima d'ailleurs comme pas un ; ainsi que Michelet, il a vécu dans les Archives. Il parle des poudreux dossiers dans les mêmes termes que le grand historien :

« Avec les ressources » qu'ils nous offrent, dit-il, « on devient presque le contemporain des hommes dont on fait l'histoire, et plus d'une fois, aux Archives, en suivant sur le papier jauni leurs vieilles écritures, j'étais tenté de leur parler tout haut. »

Taine fut un grand cœur autant qu'un grand talent. Comme Michelet, il eut, malgré ses colères, le lancinant désir d'arriver à la vérité. L'histoire, en lui donnant le calme, l'y conduisait à la fin de sa vie.

Qu'il me soit permis de prendre à mon compte quelques-unes des paroles que M. de Vogüé a consacrées à Taine [1] :

« Je me persuade que le loyal écrivain m'eût pardonné la liberté respectueuse de mes contradictions. Ce chercheur de vérité savait qu'elle a des faces multiples et qu'on peut l'apercevoir sous des angles opposés. Sa puissante intelligence s'attachait à certains aspects ; elle en négligeait d'autres qu'une complexion différente nous fait préférer....

« Le vrai maître n'est pas celui qui nous inculque des doctrines ou des méthodes auxquelles notre esprit se refuse ; c'est celui qui nous instruit à aimer la vérité, et qui nous donne la plus haute, la plus rare leçon : l'exemple d'une vie parfaitement noble.

« Cette leçon, nul ne l'a donnée mieux que Taine. De lui aussi, on peut dire que son plus beau livre fut sa vie. »

---

1. *Revue des Deux Mondes*, 1ᵉʳ avril 1894.

3° FUSTEL DE COULANGES, « LES INSTITUTIONS DE LA FRANCE »

L'*Histoire des Institutions politiques de l'ancienne France*, de Fustel de Coulanges, forme contraste avec les *Origines de la France contemporaine*. Malgré la vivacité des polémiques scientifiques, l'œuvre est faite de prudence, de sagesse, de tranquillité. Qu'on fasse lire ces volumes à un homme que le courant habituel de sa vie et de ses pensées éloigne des choses historiques, il sera surtout frappé de la dignité, de la noblesse, de la probité qu'ils respirent. On peut presque prononcer à leur sujet le mot de santé scientifique. C'est une des œuvres les plus saines et les plus franches de notre littérature historique.

L'unité de l'ouvrage consiste en ceci : Fustel étudie, du 1er au xe siècle, l'évolution, la lutte ou l'accord des deux principes de gouvernement qui unissent les sociétés politiques — la subordination des hommes à la loi, la toute-puissance de l'État, le principe, en un mot, de la *res publica*, — et d'autre part, le système aristocratique de la subordination de l'homme à l'homme, de la terre à la terre, la clientèle ou la vassalité, le principe, en un mot, de la fidélité réciproque, de la *fides*. — Celui-là est le principe organisateur auquel les Romains ont soumis la Gaule ; celui-ci, développé d'abord dans les rapports privés, gagnant de proche en proche les rapports publics, a donné naissance au régime féodal. — En d'autres termes, le but des *Institutions*, du moins dans la forme dernière que l'ouvrage a reçue de Fustel[1], est de montrer la formation de la féodalité.

Ces origines du régime féodal, la presque totalité des historiens français les avaient jusque-là cherchées dans les institutions de l'ancienne Germanie[2]. Depuis Montesquieu, on eût répété volontiers que le sentiment de la fidélité personnelle avait été « trouvé dans les bois » de l'Allemagne, et implanté en Gaule, dans le vieux monde romain, par la jeunesse conquérante des

---

1. Que dans les deux premières éditions de son livre, Fustel ait voulu le conduire jusqu'en 1789, cela est certain. Mais dès 1880 il ne songeait plus, je crois, qu'à arriver à l'an mille.

2. Sauf Dubos, qui d'ailleurs ne fut jamais très populaire en France. Voyez nos *Extraits de Montesquieu*.

envahisseurs barbares[1]. La grande nouveauté du livre de Fustel, nouveauté qui, il y a vingt ans, sembla un coup d'État scientifique, est d'avoir montré que l'invasion n'a pas été une conquête et qu'un tel sentiment n'était pas étranger au monde romain. A ceux[2] qui voyaient dans l'invasion le triomphe d'une race, la victoire de conquérants et l'avènement d'institutions nouvelles, il a répondu que l'invasion a été soit un acte de brigandage vite oublié, soit une acceptation pure et simple de la chose romaine par des barbares transplantés. A ceux[3] qui remerciaient presque les Barbares d'avoir introduit en Gaule le noble sentiment du « dévouement de l'homme à l'homme », Fustel a répondu en étudiant chez les Romains la clientèle et le patronage, en montrant la vieille clientèle religieuse de la Rome patricienne transformée sous la République en clientèle politique, développée sous l'empire, et, dès avant l'arrivée des envahisseurs, organisée dans le monde latin en système tout-puissant.

Que le désordre des invasions, que, plus encore, l'anarchie intérieure et la faiblesse des rois, ont achevé la ruine des institutions publiques, de la *res publica*, que les Germains, enclins à ces habitudes de fidélité personnelle, ont contribué à les développer dans l'Empire, Fustel l'affirma hautement. Germains et Romains ont eu, selon lui, des coutumes semblables, et la rencontre plus ou moins brutale des deux sociétés a achevé la crise où ces coutumes ont triomphé[4].

---

1. Cf. ici Guizot, p. 156.
2. Thierry ; ici, p. 38, 104.
3. Guizot, p. 157.
4. Citation de Fustel empruntée au livre de Guiraud : « Suis-je *romaniste* ou *germaniste*? Je ne place la source du régime féodal ni chez les Germains, ni chez les Romains ; je la place dans certaines institutions et certaines nécessités communes aux Germains, aux Romains, à tous les peuples. Je dis aux romanistes : Vous avez cru voir l'origine des fiefs dans certaines concessions militaires de quelques empereurs, et vous vous êtes trompés. Je dis aux germanistes : Vous faites découler le régime des fiefs d'un prétendu comitat germanique que vous ne connaissez que par un mot de Tacite et que vous interprétez inexactement. Je dis aux uns et aux autres : Le régime des fiefs est au fond un certain système de propriété et de tenure. Le système existait déjà dans l'Empire romain, et en voici les preuves. Il existait aussi, suivant toute apparence, dans l'ancienne Germanie, mais nous n'en avons aucune preuve, parce que les documents nous manquent sur l'état de la propriété germanique. Je suis donc à la fois romaniste et germaniste, ou bien je ne suis ni l'un ni l'autre. »

Aussi, Fustel de Coulanges n'aimait point à être traité de *romaniste*, c'est-à-dire de partisan exclusif de l'influence romaine. — Il l'était cependant, et dans plus d'un sens : il suffit de voir le peu de place qu'il laisse aux souvenirs germains après l'invasion, et l'insistance avec laquelle il a combattu les *germanistes*, qui l'ont précédé. — En un sens seulement, il pouvait répudier cette appellation. C'est qu'il soutenait et croyait que la féodalité ne venait ni de Rome, ni de la Germanie : elle émane, dit-il, de sentiments et de principes éternels qui se rencontrent chez tous les peuples et dans tous les temps ; elle n'appartient ni à une époque, ni à une nation ; elle appartient à la nature humaine[1].

Cette préoccupation des sentiments éternels et de la « nature humaine » revenait de plus en plus dans les livres de Fustel de Coulanges. Aussi ses *Institutions*, tout en étant un champ d'étude bien plus limité que *la Cité Antique*, n'en sont pas moins un livre d'histoire comparée et, comme nous dirions aujourd'hui, de *sociologie*. Tout en songeant surtout à la France, peut-être à la fin de sa vie a-t-il voulu fournir, par une étude définitive des institutions de son pays, un exemple salutaire à la méthode sociologique. En tout cas, si désireux qu'il paraisse de ne point s'abstraire des institutions, il est visible qu'il comprend l'histoire, dans son dernier livre comme dans *la Cité Antique*, avec la même ampleur de vision que Michelet : il le répète, c'est la société tout entière qu'il voudrait faire revivre, dans ses fonctions publiques comme dans sa vie intime ; et dans cette âme de la nation il voudrait retrouver les sentiments permanents de l'humanité.

Il y a d'autres ressemblances entre l'œuvre de Michelet et celle de Fustel. Comme Michelet, Fustel fait la part la plus restreinte à l'invasion, à la conquête, aux luttes de races ; moins que lui encore, il ne s'inquiète des grands hommes « providentiels » : voyez comme Jules César et Charlemagne sont relégués dans son histoire. Et remarquons à ce propos combien, pour le dernier historien de ce siècle, ces théories qui dominaient l'histoire il y a soixante ans, semblent réduites au néant : conquête, race, grands hommes, après les doutes de Michelet, les dédains de Tocqueville, les

1. Cf. p. 552.

attaques de Fustel, on peut croire qu'il n'en subsiste plus rien.

Ce qu'il y a de surprenant, pour ainsi dire de prestigieux, dans cette œuvre de Fustel, c'est de voir la manière par laquelle il arrive, partant du détail infini, à ces lois générales, les plus compréhensives peut-être que l'histoire puisse établir. Personne n'aura poussé plus loin l'habileté, la sûreté, l'intérêt du travail scientifique. De ces textes lointains, de ces définitions délicates, l'esprit est peu à peu conduit au fait particulier, à l'idée maîtresse, à la loi générale. Pas un instant le fil n'est perdu ni l'attention lassée. L'apparence de l'effort littéraire n'existe pas; et au point de vue littéraire cependant, le livre est comparable à *la Cité Antique*.

Il lui est supérieur comme travail de science. L'hypothèse y joue, quoi qu'on en dise, un très faible rôle. Il n'y a pas de ces dégradations habiles du doute en certitude, du « peut-être » en définition, qu'on remarque parfois dans *la Cité Antique*. C'est le livre d'histoire de ce siècle où il y a le plus de vérités nouvelles, et le plus de vérité.

Taine appelait une « anatomie » le travail historique de notre temps. Le mot caractérise admirablement cette œuvre de Fustel. Nul n'a su mieux que lui disséquer une institution dans ses moindres éléments et la suivre comme au microscope dans ses transformations à peine visibles[1].

On comprend qu'un tel travail ait pu être une lutte perpétuelle avec le texte et avec le doute. Ce livre a usé les forces de Fustel de Coulanges et brisé sa vie. Mais il lui a fait une fin d'existence aussi poignante et aussi belle que celle de Thierry.

« Comme il s'imposait un travail assidu de huit à dix heures par jour, qu'il se refusait tout exercice physique, tout repos, même pendant les vacances, qu'il ne donnait aucune relâche à son esprit toujours tendu par l'étude, son corps finit par s'user. Étant directeur de l'École Normale, il eut une crise assez grave qui inquiéta sérieusement son entourage. Néanmoins il se soutint encore, malgré une toux opiniâtre qui le lassait et l'énervait de plus en plus. Il aurait dû s'astreindre alors à un régime plus raisonnable et mieux approprié à son état. Jamais, au contraire, il ne fut plus âpre à la besogne. On eût

---

1. Ses mémoires (cf. p. 659) et en particulier ceux sur *le colonat* et sur *le tirage au sort des ar-* *chontes athéniens* sont à cet égard de purs chefs-d'œuvre de méthode analytique.

di... qu'un pressentiment secret l'avertissait de sa fin prochaine et l'invitait à produire d'urgence tout ce qu'il avait découvert de vérités. Il alla passer deux hivers consécutifs à Cannes et à Arcachon; mais il eut soin d'emporter avec lui ses livres et ses notes, pour y achever chaque fois un volume.

« Quand il revint du Midi au mois d'avril 1889, il était visible que ses jours étaient comptés. Il s'installa bientôt dans la maison de campagne qu'il possédait à Massy, et dès lors il ne quitta guère son lit, tout en continuant de travailler[1]. »

Fustel de Coulanges, le plus jeune de cette génération, mourut le premier, en 1889, rongé par le travail autant que par la maladie; Renan le suivit en 1892; Taine, en 1893; Duruy, leur aîné à eux trois, mourut en 1894; tous quatre moururent en quelque sorte à la dernière page de leur œuvre, avant de l'écrire, comme Fustel et Taine, après l'avoir signée, comme Renan et Duruy.

De la lignée d'historiens qui se mit au travail vers 1870, de celle, plus jeune, qui s'est formée aux leçons de Fustel ou à l'école de Taine et de Renan, il ne convient pas de parler encore. Celle-là a commencé de belles œuvres, mais n'est point près de les terminer : celle-ci entre à peine dans sa voie.

4° LE TRAVAIL HISTORIQUE DEPUIS 25 ANS

Le gouvernement actuel n'a rien supprimé de ce qu'ont fondé ses prédécesseurs. Du ministère Duruy jusqu'en 1895, il n'y a pas solution de continuité dans la politique scientifique de nos gouvernants.

Les écoles furent complétées. Après l'École d'Athènes, on eut celle de Rome (1874), celle du Caire (1880). Nous aurons un jour, il faut l'espérer et le demander, l'École de Carthage. — Chacune de ces écoles a été pourvue d'une *Bibliothèque* qui publie les ouvrages qu'elle élabore, ou d'une revue qui annonce les découvertes qu'elle fait. Des missions, chaque année, complètent leur besogne et suppléent à l'ab-

---

1. Guiraud.

sence d'écoles dans les pays lointains de l'Asie centrale ou de l'Orient. Et enfin, des crédits exceptionnels sont alloués aux écoles ou aux missions pour les fouilles à grande portée scientifique : telles les fouilles de Perse, de Chaldée, de Délos ou de Delphes. C'est là, surtout, dans ce travail de découvertes, que la vigilance doit être constante et l'effort soutenu : l'étranger nous y menace de toutes parts.

Quant au travail historique, celui qui se fait dans nos frontières, on peut se rassurer; nul pays, à l'heure présente, pas même l'Allemagne, n'a une organisation administrative de l'histoire comparable à la nôtre. Huit écoles ou groupes de chaires à Paris, une vingtaine de centres universitaires en province, voilà pour l'enseignement; — une dizaine de sociétés historiques à Paris, une au moins dans chaque département, deux sections de l'Institut : voilà pour la recherche; — les sociétés savantes groupées en fédération officielle, ayant leur congrès périodique à Paris; d'autres congrès libres en province; une demi-douzaine de grandes collections de documents, tout autant de bibliothèques, subventionnées par l'Etat; à Paris, la *Revue historique*, la *Revue des Questions historiques*, puis les revues spéciales pour telle ou telle science; en province, chaque département ou chaque grande ville ayant sa revue, universitaire, religieuse ou libre; il y en a, en Gironde, au moins cinq où l'histoire a accès : voilà pour la publication.

Il est vrai de dire que, en dépit de l'excellence de ces cadres, la science historique ne paraît pas avoir, en France, la solidité et la cohésion qu'elle a en Allemagne. Il nous manquera toujours cet esprit de discipline qu'ils ont là-bas, et malgré toutes nos sociétés, nos revues et nos écoles, l'esprit individualiste, qui est le fonds de notre nature, persistera toujours. L'esprit d'école n'est point notre fait.

Mais je ne suis pas sûr que l'infériorité scientifique existe ou demeure. L'histoire en Allemagne s'émiette et s'effrite : la discipline y est plus grande que chez nous, mais la routine s'y glissera peut-être; dans certains ordres de recherches, le travail, si quelque maître ne réagit pas pour réveiller les esprits, se perd peu à peu en une sorte de scolastique philologique : les grands noms disparaissent l'un après l'autre; craignons de voir poindre les épigones d'Alexandre ou les petits-fils de Charlemagne.

Enfin, connaissons-nous exactement ce qui se fait chez nous ? Il n'est aucun pays du monde, aucune époque de l'histoire qui n'y ait été abordé depuis vingt-cinq ans. La *spécialisation* a fait de tels progrès, que chaque règne de notre histoire, chaque région de l'empire romain ou du monde hellénique sont devenus une province historique ayant son personnel, ses légats et sa loi, c'est-à-dire un maître, ses disciples et sa méthode. On peut par un exemple montrer jusqu'à quel point, depuis vingt ans, le travail historique a, par une sorte de répartition inconsciente, exploité sans en rien omettre tout le champ du passé.

Faites l'histoire de l'Eglise de la Gaule chrétienne, jusqu'à Clovis. — L'évangélisation de la Gaule n'était connue que par les Actes des Saints : M. Le Blant et M. l'abbé Duchesne les ont critiqués et épurés à nouveau. Mais les inscriptions et les tombeaux sont venus ajouter des ressources imprévues à l'étude de ces premiers siècles chrétiens : M. Le Blant a publié tour à tour les unes et les autres. Maintenant, sur cette question si délicate des premiers apôtres de la Gaule, de pieuses légendes s'étaient greffées : M. Duchesne les a discutées, M. Albanès et M. Arbellot les ont en partie défendues. L'histoire authentique peut se composer des chapitres suivants : l'évangélisation, et on retrouve encore le nom de M. Duchesne ; la persécution, et il faut consulter les travaux de M. Allard ; l'organisation de l'épiscopat, et on a un livre de M. Duchesne et les études particulières des savants de chaque province ; l'installation des paroisses rurales, et ici se place un mémoire de M. Imbart de La Tour ; la lutte contre le paganisme, l'étude littéraire des pères de l'Église : M. Boissier nous offre sa *Fin du Paganisme*. Et ceux qui veulent des tableaux d'ensemble les demanderont à Fustel de Coulanges. Tout cela a été écrit ces vingt-cinq dernières années.

Enfin c'est en France que les règles de la méthode historique ont été posées le plus nettement. Si la France travaille moins, elle réfléchit plus volontiers sur ce qu'elle fait. Ces règles, on les trouvera disséminées dans ce recueil. Qu'il me soit permis de les rappeler ici, en groupant en quelques formules ce que les historiens français du xix⁰ siècle ont pensé de l'histoire[1].

1. La méthode historique a donné lieu en France, ces dernières années, à d'intéressants ouvrages : Ch. et V. Mortet, *la Science de l'Histoire*, 1894 ; Lacombe, *l'Histoire considérée comme une science*, 1894 ; Langlois et Seignobos, *Introduction aux études historiques*, 1898.

VI
Quelques règles du travail historique.

—

Le premier devoir de l'historien est de se mettre au travail sans préjugé, sans colère, sans idée ni passion préconçues[1]. Il s'abstraira de tous les sentiments de l'époque présente ; il étudiera la Révolution française avec le même désintéressement que s'il s'agissait des révolutions de Florence[2]. « Le meilleur historien sera celui qui aura fait le plus abstraction de soi-même[3]. » Le pire sera celui qui « aura cherché dans l'histoire des arguments pour sa doctrine et des armes pour sa cause[4] ». « Nous voudrions voir planer l'histoire dans cette région sereine où il n'y a ni passions, ni rancunes, ni désirs de vengeance. Nous lui demandons ce charme d'impartialité parfaite qui est la chasteté de l'histoire[5]. »

Voici un conseil qui est la conséquence de celui-là : — Que l'on se garde de supposer aux anciens ses propres pensées ou celles de son temps. « Transporter dans des siècles reculés les idées du siècle où l'on vit, c'est, des sources de l'erreur, celle qui est la plus féconde[6]. »

Autant que possible, il faut s'imprégner des pensées et des sentiments du siècle dont on veut refaire l'histoire. Soyez Gaulois avec les Gaulois, et Franc avec les Francs[7]. Il faut « voir les faits comme les contemporains les ont vus, non pas comme l'esprit moderne les imagine[8] ». Quinet répétait cette pensée d'Otfried Müller[9] : « La vraie histoire serait impossible sans cette faculté de l'historien de se placer tour à tour à des points de vue différents, opposés même. Ce n'est qu'en épousant momentanément les idées de ses adversaires qu'il peut comprendre et faire comprendre quelle en est la raison d'être. »

La première base du travail historique est la lecture du

---

1. Thierry, p. 36 ; Fustel, p. 661.
2. Taine, p. 556, note.
3. Fustel, p. 661.
4. Taine, *Essais*.
5. Fustel, *Questions historiques*, p. 16.

6. Montesquieu, *Esprit des Lois*.
7. Thierry, p. 47.
8. Fustel, p. 661.
9. *Littérature grecque*, trad. Hillebrand, t. II, p. 561.

document. Il faut lire les documents de l'époque dont on s'occupe, « les lire tous », et sinon ne lire qu'eux, « du moins n'accorder qu'à eux une entière confiance[1] ». — Et par documents, il ne faut pas entendre seulement les textes imprimés des écrivains, mais les chartes, les pièces inédites, où se trouve souvent « le meilleur » de l'histoire[2], les inscriptions, les monnaies, les monuments de l'art. Il importe enfin de connaître et d'avoir visité le pays dont on refait l'histoire[3].

Voir et lire ne suffisent pas : il faut apprécier et juger. Pour faire la critique d'un texte, on aura soin de s'informer des manuscrits qui l'ont transmis, de manière à n'avoir d'abord aucun doute sur l'authenticité et la constitution de la phrase même. Puis il convient de définir chacune des expressions dont elle se compose, et d'en arrêter le sens, non pas d'une manière générale, mais à l'époque précise où ces textes ont été écrits. Enfin, on ne séparera jamais le texte du *contexte*, c'est-à-dire de ce qui précède et de ce qui suit ; on le replacera dans la pensée de l'auteur, et on ne lui fera dire que ce que l'auteur a exactement voulu lui faire dire[4]. — S'il s'agit d'une inscription, qu'on s'assure si elle est authentique, si elle a été bien lue, d'où elle est originaire : ne concluez pas d'une inscription lue dans le musée d'une ville comme si elle a été trouvée dans cette ville même.

L'étude du document est le commencement et la fin de la vraie science. Il est utile de lire les ouvrages écrits par les modernes : il est nécessaire de leur rendre hommage quand ils ont trouvé, avant nous, la vérité. Les consulter est un devoir d'historien ; les citer quand on les utilise est un devoir d'honnête homme. Mais la conviction ne doit pas se former par leur lecture, mais par celle des documents[5].

La lecture et la critique des textes forment la première partie du travail historique : c'est l'*analyse*. Les grouper et tirer de leur concordance une conclusion en est la seconde partie : c'est la *synthèse*. Avant de conclure, il faut hésiter longtemps, voir et revoir encore les textes : des années d'analyse avant une heure de synthèse[6].

1. Fustel, *Monarchie franque*, p. 303.
2. Michelet, p. 318.
3. Michelet, p. 318.
4. Fustel de Coulanges, p. 661.
5. Fustel, p. 662.
6. Thierry, p. 99 ; Michelet, p. 314 ; Fustel de Coulanges, p. 625.

Pour dresser le tableau d'une époque ou décrire la vie d'un pays, il ne suffit pas de parler des institutions, ou de raconte les événements. Une nation est un être complexe dont il faut retrouver tous les éléments d'action. « Tout influe sur tout[1]. » A l'histoire politique doit se joindre celle des arts, de la religion, des mœurs et du sol même du pays. « L'histoire n'est pas l'accumulation des événements de toute nature qui se sont produits. Elle est la science des sociétés humaines[2]. » Il s'agit pour l'historien de reconstituer le passé et de lui rendre sa vraie forme : l'histoire est « la résurrection de la vie intégrale[3] ».

Autant que possible, l'historien sera simple et précis dans son style. Il s'effacera devant ses documents : il laissera parler ses auteurs. L'histoire la plus séduisante sera peut-être celle où l'écrivain apparaîtra le moins et où le lecteur sera plus directement frappé par l'expression de la vérité[4]. La vérité est, dans une œuvre, la source même de la vie[5]. L'histoire est un art, à la condition d'être d'abord une science.

L'obligation de l'historien, son œuvre achevée, est de la revoir et de la refaire encore. Il se souviendra toujours que sa science est une « science conjecturale[6] ». Le propre de sa tâche doit être de douter[7]. Il cherchera la vérité et ne croira jamais l'avoir atteinte. *Quæro* doit être la devise de sa vie[8].

Enfin, l'historien se rappellera que son œuvre a une portée plus noble que de satisfaire à une vaine curiosité. Les écrivains dont nous venons de parler ont tous accru le renom de la France et le patrimoine de la vérité. Ils ont fait honneur à l'humanité par leur énergie et leur intelligence. Thierry, Taine, Fustel de Coulanges ont rendu service à la patrie autant que « le soldat mutilé sur le champ de bataille[9] ». Ils ont, au profit de la science, usé leurs forces et leur vie ; ils ont, pour leur part d'homme, fait leur devoir.

---

1. Michelet, p. 314.
2. Fustel, *l'Alleu*, p. IV.
3. Michelet, p. 314.
4. Thiers, p. 226 ; p. LXIII. Barante, p. 114.
5. Ici Taine, p. XCVI ; cf. Renan, p. XCIX.
6. Mot de Renan.

7. Fustel : « Il faut, en histoire comme en philosophie, un doute méthodique. Le véritable érudit, comme le philosophe, *commence* par être un douteur. »
8. Fustel, p. 664.
9. Cf. ici, p. 33.